Helmut Riedlinger

Vom Schmerz Gottes

Helmut Riedlinger

VOM SCHMERZ GOTTES

Herder
Freiburg · Basel · Wien

Imprimatur. – Freiburg i. Br., den 5. September 1983
Der Generalvikar: Dr. Schlund
Herstellung: Freiburger Graphische Betriebe 1983
ISBN 3-451-19691-3

Inhalt

Einleitung

Das zweite Jahrtausend nach der Geburt Jesu geht seinem Ende entgegen. Viele Jahrtausende sind ihm vorausgegangen. Tiere und Menschen hatten darin ihre Freuden und Schmerzen. In vielen Religionen wagte man auch, von den Freuden und Schmerzen der Götter zu reden.

Seit einigen Jahrzehnten aber scheinen die Freuden und Schmerzen der Menschen über die gewohnten Grenzen hinauszudrängen. Es gibt massenhaft Wohlstand und Überfluß. Zahlreicher als je sind die Mittel, die den Lebensgenuß fördern und die Schmerzen vertreiben. Das Verlangen nach Lust nimmt nicht selten unheimliche Züge an. Aber nie zuvor gab es so große, grausame Kriege. Nie wurden so viele Menschen planmäßig getötet. Nie starben so viele durch Hunger und Elend. Nie wurden sie so von Arbeitslosigkeit, Sinnlosigkeitsgefühlen und Vernichtungsängsten gequält.

Darum muß neu gefragt werden: Was bedeutet der Schmerz? Was bedeutet er in der Welt, die Gott gehört? Gibt es in Gott nur die Freude? Können wir

Gott nur in seiner und unserer Freude begegnen? Erleidet er nicht auch den Schmerz? Geht sein Schmerz nicht mit unserem zusammen?

In der Bibel wird zu Gott gesagt: „Vor deinem Angesicht herrscht Freude in Fülle, zu deiner Rechten Wonne für alle Zeit" (Ps 16,11).

Die Aufrufe zur Freude an Gott übertönen bei weitem die Worte, die auf seinen Schmerz deuten. Aber solche Worte gibt es. Wenige und verhaltene, doch mehr, als man meint. Wir sollten sie meditieren.

Wer in unserem Kulturkreis etwas meditiert, wird es meistens mit gemessenen Schritten erwandern. Das Hauptwort „Meditation" entstammt ja, wie man annimmt, der indogermanischen Wurzel „med", die das bedächtige Durchschreiten und Umschreiten eines Geländes bezeichnet. Aus derselben Wurzel wuchsen wohl auch die Zeitworte „messen" und „müssen" und die Hauptworte „Maß", „Muße" und „Medizin".

Wagen wir also etwas, wovon uns verständige Leute abraten! Versuchen wir einige gemessene Schritte in einem Land, das sich nicht abmessen und ausmessen läßt! Wandern wir ein wenig in die Richtung, in die uns die biblischen Worte vom Schmerz Gottes weisen! Dies muß freilich mit Maß und mit Muße geschehen. Doch geht es nicht darum, einen Sachverhalt zu erfassen und zu erklären, der sich von unserem Leben abtrennen läßt. Wir können ja auf die Dauer nicht umherstreifen wie die Gesunden, die vom Schmerz verschont werden und, wie Jesus sagt, keinen Arzt brauchen (vgl. Mk 2,17). Der Schmerz muß beim Erwandern seines Landes in uns eindringen, wie wir in ihn eindringen müssen. Es mag sein, daß wir dann plötzlich einen Weg des Heils (vgl. Apg 16,17) finden, wo wir es nicht vermutet haben. Vielleicht wird die Meditation so nach einiger Zeit Medizin.

Im Land des Schmerzes gibt es freilich unzählige Fragen. Sie gehören zu den schlimmsten, die uns im Leben begegnen. Es ist unmöglich, in einer kurzen Zeitspanne auf alle einzugehen. Vermutlich reicht dafür selbst die Zeit nicht aus, die der Geschichte der Menschheit zugemessen ist. Wie soll denn eine so grauenvolle Gegend mit all ihren Breiten, Höhen und Abgründen durchschritten und umschritten werden? Und wie gelangen wir gar zum Schmerz Gottes? Genügt, um ihn zu durchmessen, die Ewigkeit? Seien wir also bescheiden!

Die bloße Vorahnung eines Schmerzes kann unser Denken ja schon erstarren lassen. Wenn sich der Schmerz aber mit Urgewalt über uns stürzt, gibt es nur noch Schreie oder stummes Entsetzen. Er raubt uns ja fast alle Gedanken. Auch zerstört er für lange Zeit fast allen Mut, tiefer in sein Land einzudringen. Maßen wir uns also nicht an, rasch einen Punkt zu erreichen, an dem wir dieses Land überblicken können. Aber einige Schritte müssen wir wagen, wenn wir die Frage des Schmerzes Gottes wenigstens einigermaßen verstehen wollen.

In der Begegnung mit dem eigenen Schmerz und dem Schmerz der Mitmenschen sind wir freilich oft so tief verstört, daß uns diese Frage fast nichts bedeutet. Antworten auf sie mögen uns wie Tropfen vorkommen, die der Brand unseres Schmerzes sofort verzehrt. Vielleicht gibt es aber, wenn der Schmerz nachläßt, auch Augenblicke des Aufatmens. Dann kann die Frage jäh vor uns groß werden. Irgendwie mögen wir dann auch die Richtung ahnen, die durch die schockierende Verbindung des Wortes „Gott" mit dem Wort „Schmerz" angezeigt wird.

Auf dieser Erde können wir zwar nie wissen, was Gott ist und was der Schmerz ist, den er nach dem Zeugnis der Bibel erleidet. Im Bereich des irdischen Wissens kann also keine Antwort auf unsere Frage erwartet werden. Aber dürfen wir sie deshalb auf sich beruhen lassen? Berührt sie nicht die Herzmitte unserer Gottesbeziehung? Es kann uns ja auf die Dauer nicht gleichgültig sein, wie Gott sich zum Schmerz verhält. Ist er in seiner Freude fähig und bereit, sich auch den Schmerz anzueignen? Oder muß er ihn, um Gott zu sein, von sich stoßen? Tut sich hier nicht ein himmelweiter Unterschied zwischen zwei Gottesbeziehungen auf? An welchen Gott glauben wir? An den Gott, der kein eigenes Weh dulden darf? Oder an den Gott, der auch den Schmerz in seine Freude einläßt?

Es scheint, daß wir als Menschen, die an den einen Gott zu glauben versuchen, in der Nacht unseres Nichtwissens immer neu fragen müssen: Kann der Gott, dem wir als dem Fels unseres Heils zujauchzen sollen (vgl. Ps 95,1), ein Gott des Schmerzes sein? Wie sollen wir im Vertrauen auf ihn beständig jubeln (vgl. Ps 5,12)? Wie sollen unsere Seelen nach ihm dürsten (vgl. Ps 42,3; 63,2; 84,3; 143,6), wie soll er uns mit dem Strom seiner Wonnen tränken (vgl. Ps 36,9), wenn er ein vom Schmerz zerrissener, ratloser, elender Gott ist? Darf dann jemals gerufen werden: „Jauchzt und jubelt, ihr Bewohner von Zion, denn groß ist in eurer Mitte der Heilige Israels" (Jes 12,6)? Sind dann die Menschen seligzupreisen, die in seinem Haus wohnen und über seine Weisung nachsinnen (vgl. Ps 1,2; 84,5)? Kann dann die Kunde von der Geburt seines Sohnes die große Freude sein (vgl. Lk 2,10)? Gibt es dann die Freudenbotschaft, daß sein Reich uns nahegekommen ist (vgl. Mk 1,15)? Dürfen wir uns dann jederzeit in ihm freuen (vgl. Phil 4,4)? Dürfen wir an die Ankunft der vollkommenen Freude denken (vgl. Joh 15,11; 16,24; 1 Joh 1,4; 2 Joh 12)? Dürfen wir erwarten, daß Gott alle Tränen abwischen und den Tod samt aller Trauer, aller Klage, aller Mühsal wegnehmen wird (vgl. Offb 21,4)?

Aber können wir an einen Gott glauben, dessen Freude auch angesichts der schrecklichsten Greuel jeden eigenen Schmerz ausschließen muß? Können wir auf ihn hoffen, wenn keine Solidarität zwischen unserem und seinem Schmerz möglich ist? Muß die Vorstellung einer schmerzfreien Freude Gottes uns seiner Liebe nicht völlig entfremden?

Wir könnten versucht sein, uns die Sache leichtzumachen. Die Freude Gottes ließe sich ja wie ein grenzenloses Meer vorstellen, in dem der Schmerz nur ein Tropfen wäre. Aber diese Vorstellung hilft uns nicht. Denn entweder erscheint der Schmerz als so nichtig, daß Gott ihn gar nicht erleidet. Er wäre dann doch der Gott der schmerzfreien Freude. Oder der Schmerz wird irgendwie als Verderber der Freude vorgestellt. Dann verliert nicht nur unser ständiger Jubel in Gott seinen Grund. Es scheint auch, daß Gott nie und nirgends die Freude selbst ist.

Schließt nicht die Einheit Gottes, die zugleich seine Einfachheit ist, jeden echten Schmerz aus? Müssen wir nicht auch um der Wahrheit willen sagen: Der Gott, der die Freude selbst ist, kann nicht der Gott des Schmerzes sein? Muß der Schmerz aus der Herrlichkeit Gottes, die ganz gut ist, nicht völlig verschwinden? Ist es nicht auch für uns letztlich das beste, daß Gott die Freude selbst ist, der wir uns immer und überall uneingeschränkt überlassen dürfen?

Die meisten christlichen Theologen haben bis weit in die zweite Hälfte des zweiten Jahrtausends hinein die ewige, unbedingte, unendliche Freude Gottes gegen alle Zweifel und Abschwächungsversuche verteidigt. Sie taten es, wie man annehmen darf, in bester Absicht. In ihrer Theologie sollte nicht der geringste Schatten auf die Einheit, Wahrheit und Güte Gottes fallen. Für sie war die Freude Gottes ja Licht ohne Finsternis (vgl. 1 Joh 1,5). So nahmen sie an, nur in der Liebe der Geschöpfe könne es das Übel des Schmerzes geben, die Liebe des Schöpfers aber müsse vollkommen darüber erhaben sein.

Man wußte zwar mehr oder weniger, daß die Bibel gelegentlich vom Schmerz Gottes redet. Aber man meinte oft, dies sei nichts anderes als eine „anthropomorphe“ oder „anthropopathische“ Redeweise. Das heißt: Man setzte voraus, daß die Bibel in solchen Texten von Gott nicht so redet, wie es seinem Wesen und Sein angemessen ist, sondern wie er im Bild und Gleichnis eines Menschen (griechisch: „anthropos“) erscheint. Daher bezog man die Hinweise auf sein Leiden (griechisch: „pathos“) in der Regel so wenig auf Gottes Sein wie die Hinweise auf seine Gestalt (griechisch: „morphe“). Auch aus dem Erbarmen Gottes, das die Bibel so oft bezeugt, suchte man jeden Schmerz auszuschließen.

Im Blick auf das Leiden Jesu mußten die christlichen Theologen allerdings doch dem Schmerz Gottes begegnen. Der Glaube gebot ihnen ja, Jesus nicht nur als den Sohn Gottes, sondern auch als Gott anzuerkennen. Daher scheuten sie sich nicht, in paradoxer Rede zu sagen, daß Gott, der nicht leiden und sterben könne, in Jesus gelitten habe und gestorben sei. Aber oft wurde dieser Rede die Erklärung beigefügt: Der göttlichen Person Jesu, die in der göttlichen und in der menschlichen Natur existiere, werde zwar mit vollem Recht das Leiden und Sterben zugesprochen. In Wahrheit gehöre aber das Leiden und Sterben nur zu der von ihm angenommenen Menschennatur. Der in der griechischen Philosophie vorbereitete und von der christlichen

Theologie bekräftigte Grundsatz, daß die göttliche Natur als solche vom Übel des Schmerzes nicht betroffen werden könne, schien unumstößlich zu sein.

Dennoch wurde dieser Grundsatz nicht immer ganz anerkannt. Origenes verkündete, es sei anzunehmen, daß nicht nur der Sohn Gottes, sondern auch der Vater in einer gewissen Weise gelitten habe. Theologen, welche die Einheit der göttlichen und menschlichen Natur Jesu betonten, erregten mit ihrem Reden vom Leiden Gottes bei anderen Theologen Anstoß, die keine Vermischung der göttlichen und menschlichen Natur dulden wollten. Man bezeichnete jene Theologen, deren Redeweise den Eindruck erweckte, Gott (griechisch: „theos") könne leiden (griechisch: „paschein"), verächtlich als „Theopaschiten". Im sogenannten „theopaschitischen Streit" (519–534) wurde der Satz der skythischen Mönche „Einer aus der Dreifaltigkeit hat gelitten" zunächst vom Kaiser und vom Papst als „theopaschitisch" verworfen, schließlich aber doch zugelassen. Später war die Verneinung des Leidens Gottes in der Schultheologie mehr oder weniger selbstverständlich. In Predigten und mystischen Texten, vor allem bei Meister Eckhart, wurde aber zuweilen doch etwas davon angedeutet.

Die Erschütterung Martin Luthers vor dem gekreuzigten Gott ging jedoch so tief, daß die überlieferten Regeln des Denkens und Sprechens teilweise außer Kraft gesetzt wurden. Jakob Böhme sah etwas wie Finsternis und Tragik im göttlichen Leben. Georg Wilhelm Friedrich Hegel schien seine Karfreitagsspekulation bis zur gleichzeitigen Behauptung und Verneinung der Freude und des Leidens Gottes treiben zu wollen.

Anglikanische Theologen versuchten seit der zweiten Hälfte des vergangenen Jahrhunderts, nicht zuletzt im Blick auf die Fragen, die Charles Darwin mit seiner Darstellung der schmerzvollen Evolution des Lebens hervorgerufen hatte, die Notwendigkeit eines gewissen Leidens in der Liebe Gottes neu aufzuzeigen. Die Weltkriege, die Massenmorde und die Hungerkatastrophen unseres Jahrhunderts führten dann immer mehr Christen und Juden auf ähnliche Wege. Viele Namen aus verschiedenen Ländern wären zu nennen, von Léon Bloy über Miguel de Unamuno, Nikolai Berdjajew, Peter Lippert, Max Brod, Franz Rosenzweig bis zu Simone Weil. Zu den Theologen und Philosophen, die auf die Gestaltung des vorliegenden Büchleins besonders eingewirkt haben, gehören Jacques Maritain, Karl Barth, Hans Urs von Balthasar, Kazoh Kitamori, Josef Scharbert, Jean Galot, Jürgen Moltmann, Hans Küng, Eberhard Jüngel und Jörg Jeremias[1].

Ich verdanke ihnen viel. Auf genauere Beschreibungen ihrer Ansichten und Beurteilungen muß ich aber leider verzichten. Denn es geht hier nicht um die den Fachgelehrten vorbehaltene Frage, wie die Sprachprobleme der heutigen Theologie im Blick auf den Schmerz Gottes zu lösen sind. In dieser Meditation können nur wenige Schritte getan werden. Sie dienen vor allem der Theologie des Herzens, auf die kein lebendiger Glaube völlig verzichten kann. Ein besonderes Bewandertsein in der wissenschaftlichen Theologie wird nicht verlangt.

Alle Menschen mögen mitgehen, wenn sie fühlen, daß in der Frage des Schmerzes Gottes etwas Kostbares verborgen ist, und dem Geheimnis denkend und glaubend näherzukommen wünschen.

Auf der ersten Wegstrecke gehen wir daher ein wenig auf den Schmerz in der Welt Gottes ein. Es ist vor allem der Schmerz, dem wir im Leben der Tiere und der Menschen begegnen. Aber auch auf einige Mythen ist hinzuweisen, die vom Schmerz der Götter erzählen. Dabei nehmen wir an, daß die Welt, in welcher der Schmerz vorkommt, zu dem Urgeheimnis gehört, dem in vielen Religionen der Name „Gott" gegeben wird. Aber der Glaube, daß Gott alles, was er nicht selbst ist, aus nichts erschaffen hat und zu erschaffen fortfährt, wird auf der ersten Wegstrecke noch nicht vorausgesetzt.

Die zweite Wegstrecke führt dann in das den meisten Menschen kaum bekannte Gebiet des biblischen Redens vom Schmerz Gottes. Es geht hier darum, die wichtigsten Texte zu sammeln und wenigstens anzudeuten, wie sie in ihrem jeweiligen Kontext zu verstehen und auf das Ganze der Geschichte hin auszulegen sind. Die so gewonnenen Einsichten über die Geschichte des biblischen Redens vom Schmerz Gottes können grundsätzlich auch von Menschen bejaht werden, die sich noch nicht oder nicht mehr als Christen verstehen. Wir Christen sind allerdings überzeugt, daß Gott sich im biblischen Reden geheimnisvoll selbst offenbart.

In die Mitte des Geheimnisses gelangen wir aber erst auf der dritten Wegstrecke. Hier muß die geschichtliche Auslegung des biblischen Redens vom Schmerz Gottes in die geistliche Auslegung übergehen. Dies ist nur in der Kirche möglich, die sich geistlich als Leib des Sohnes Gottes und als Liebesgemeinschaft der Gläubigen versteht. Die Schritte auf dieser Wegstrecke dienen der Liebe im Reich des dreieinigen Gottes.

Das Geheimnis, daß Gott, der Vater, mit seinem Fleisch gewordenen, gekreuzigten und auferstandenen Sohn im Heiligen Geist der eine Gott ist, wird während der Wanderung immer größer. Es wird dadurch immer mehr zum Maß der Antwort auf die Frage des Schmerzes Gottes. Diese Antwort kann nicht endgültig in menschliche Worte gefaßt und festgesetzt werden. Sie zeigt sich immer neu, wo Menschen in der Kraft des Geistes persönlich vom Wort zur Sache übergehen und den Schmerz des seligen Gottes irgendwie selig miterleiden dürfen. Denn die dritte Wegstrecke endet nicht in einem faulen Frieden, nicht in einer Aufhebung des Unterschieds zwischen Gott und Welt, nicht in einer billigen Versöhnung Gottes mit dem Schmerz.

Die Unbegreiflichkeit des Kreuzes bleibt. Die Kreuzigung der Welt und unsere Kreuzigung gehen weiter. Aber mitten in der Finsternis entsteht bereits neue Schöpfung (vgl. Gal 6,14–15), geht die Welt bereits über in das Reich des Vaters und des Sohnes und des Heiligen Geistes.

I
Vom Schmerz in der Welt Gottes

Das Land des Schmerzes dehnt sich weit aus. Es ist aber nicht grenzenlos. Welten umgeben es, in denen wir keine Schmerzen entdecken. Den Dichtern sei die Freiheit zugestanden, Spuren von Schmerz überall, selbst in den Steinen, zu finden. Aber durch die Räume des Weltalls ist bisher noch keine Klage zu uns gedrungen. Auch wenn es solche Klagen vielleicht milliardenfach gibt: das Schweigen der unermeßlichen Räume verschlingt sie.

Die Lüfte, die Wolken, die Gebirge, die Wüsten und die Meere weisen dort, wo sie nicht belebt sind, keine Merkmale von Schmerzen auf. An unseren Geräten, Werkzeugen, Maschinen und Bauten findet sich auch nichts dergleichen. Im Reich der Pflanzen gibt es zwar schon viele Krankheiten, Verletzungen und Tötungen. Aber man wird kaum im Ernst meinen, daß Pflanzen, obwohl für vieles empfänglich und auf vieles antwortend, echte Schmerzen erleiden.

1. Vom Schmerz der Tiere

Irgendwo in den Randzonen des Tierreichs scheint das Land des Schmerzes zu beginnen. Vermutlich muß es so sein. Denn das selbstlose Leben der Pflanzen kann Freude und Schmerz wohl nicht zulassen. Vielleicht kann man sagen: Das irdische Leben steht hier noch am Anfang seines Weges. Es bleibt verhalten in seinen Grenzen und kann diese nur wenig für anderes öffnen und auf anderes hin überschreiten. Im Tierreich werden die Lebewesen selbstbezogener und zugleich freizügiger. Innerlich und äußerlich bewegt, beteiligen sie sich selbst am Wohl und Wehe ihrer Umwelt. Die Erfahrungen nehmen zu, aber auch die Gefahren.

Die höheren Tiere können vieles von dem, was ist, in einer gewissen Weise wahrnehmen und von dem unterscheiden, was es nicht ist. Sie kommen dadurch irgendwie auch zu sich selbst, daß sie verlangend auf das wahrgenommene Gute zugehen und sich dem wahrgenommenen Schlechten entziehen oder widersetzen. Damit sind aber auch Empfindungen von Lust und Unlust verbunden. Tiere zeigen ja deutlich genug, daß sie Lust haben und sich wohl fühlen, wenn es ihnen rundherum gut geht. Sobald aber das Gewebe des Gutgehens irgendwo aufgerissen wird und Schlechtes in den Lebenskreis eindringt, lassen sie, ähnlich wie wir Menschen, von Natur aus ihr Unbehagen und ihre Schmerzen erkennen. Man kann sich nicht vorstellen, daß sie ihr Leben ihrer Art gemäß lange fortsetzen würden, wenn sie die Fähigkeit, Lust und Schmerz zu empfinden, einmal völlig aufgeben müßten. Denn ohne die Lust am Guten müßte das Verlangen danach bald erlahmen, und auch das Schlechte würde wohl nicht mehr gemieden und bekämpft, wenn es keine Schmerzen auslöste.

Viele Menschen meinen wohl, man solle den Schmerzen der Tiere nicht sentimental nachgrübeln. Aber es genügt, daß ein kleiner Pudel, den wir mögen, seinen Schmerz schrill bezeugt, und wir können jäh entdecken, wie nahe die Schmerzen der Tiere mit den unseren verwandt sind. Natürlich kann man auch darüber hinwegsehen.

Aber das Verständnis unserer Schmerzen wird dadurch nicht menschlicher. Im Gegenteil. Wir entreißen die menschlichen Schmerzen eigenmächtig einem Zusammenhang, in den sie von Natur aus gehören. Es ist nicht gut für den Menschen, die Schmerzen der Tiere rücksichtslos beiseite zu drängen. Gewiß, ein Mitgefühl, das alle Unterschiede einzuebnen und die Schmerzen der Tiere denen der Menschen völlig gleichzusetzen versuchte, widerspräche der Natur auch. Aber es gibt Fragen, die zugelassen werden müssen. In ihnen zeichnet sich bereits ab, wie ernst der Schmerz als solcher zu nehmen ist.

Wozu leidet denn ein Tier, das von einer vergifteten Umwelt zugrunde gerichtet, von einer Krankheit befallen, von seinen natürlichen Feinden oder gar von Menschen zu Tode gequält wird? Welchem Guten dienen solche Schmerzen? Ist eine Natur gut zu nennen, die Schmerzen hervorbringt, auf deren Ursachen das von ihnen befallene Tier in keiner Weise einwirken kann? Müßten in einer gut geordneten Welt die Schmerzempfindungen nicht den jeweiligen Möglichkeiten und Zuständen besser entsprechen? Gehen sie nicht oft über jedes verständliche Maß hinaus? Sind sie nicht oft schlimmer als alle sie auslösenden Übelstände? Herrscht im Kampf der stärkeren Tiere gegen die schwächeren, die als Nahrung gebraucht werden, nicht eine erschreckende „Grausamkeit"? Muß man nicht angesichts so mancher Selbstzerstörungen des Lebens im Tierreich geradezu von Tragödien sprechen? Hat Reinhold Schneider nicht recht, wenn er in seinem letzten Tagebuch nach Aufzählung vieler Beispiele tierischer „Grausamkeit" feststellt: „Das ist die Verdammnis zum Dasein, eine rotierende Hölle, das Nichts in der Erscheinungsform der Qual"[2]?

Unser Wissen dringt nicht in das Innere der Schmerzen, die die Tiere erleiden. Wir nehmen davon nur einige Äußerungen wahr und müssen uns ihre Empfindungen irgendwie vorzustellen versuchen. Ein höchst fragwürdiges Unterfangen. Wir Menschen können ja nicht wissen, was in den leidenden Tieren vorgeht. Ihr Schmerz läßt uns aber fragen, ob wir mit Friedrich Schiller sagen können: „Die Welt ist vollkommen überall, wo der Mensch nicht hinkommt mit seiner Qual." Ist der Schmerz der Tiere so harmlos, daß die Vollkommenheit der Welt dadurch in keiner Weise vermindert wird?

Es ist zweifellos möglich, diesen Schmerz durch

entsprechende Deutungen gleichsam zu bändigen. Er verliert dann seine Schrecken und läßt sich einigermaßen in die Naturordnung einfügen. Man kann solche Deutungen sehr weit treiben. Am Ende mag dann eine Natur vorgestellt werden, in der das Dunkel des Schmerzes für die Helle der Lust unter allen Umständen notwendig wäre. Der Schmerz erschiene dann wie die selbstverständliche Kehrseite der Lust. Das Problem wäre entschärft. Man könnte erklären: Alles in der Natur ist in Ordnung – auch wenn unvernünftige Menschen es nicht wahrhaben wollen. Lust und Schmerz sind so verteilt, wie es sein muß. Lebewesen, die nach Lust verlangen, müssen natürlich auch Schmerzen erleiden.

Seit Jahrtausenden wird aber auch versucht, die Schmerzen der Tiere und Menschen von überweltlichen oder urgeschichtlichen Ereignissen her zu verstehen. Es gibt Mythen vom Kampf guter und böser Götter, aus dem auch alle Freuden und Schmerzen auf der Erde hervorgehen. In manchen Religionen wird von Geistwesen, Engeln und Dämonen erzählt, die vom obersten Gott abfielen und auch die irdischen Lebewesen in ihren Abfall hineinzogen. Man nimmt zuweilen auch an, durch den Sündenfall des ersten Menschenpaares seien nicht nur die Schmerzen der Menschen, sondern auch die der Tiere verschlimmert worden – was die Bibel jedoch nicht ausdrücklich sagt (vgl. Gen 3). Manche Propheten verheißen eine Zeit, in welcher der Wolf und das Lamm, der Panther und das Böcklein, das Kalb und der Löwe, die Kuh und die Bärin friedlich zusammenleben werden und der Säugling nicht mehr von der Schlange gebissen wird (vgl. Jes 11,6–8).

Auch heute meinen wohl viele Menschen, daß der Schmerz der irdischen Lebewesen sich mit der Zeit ändern kann und nicht aufgrund der Naturordnung ständig so bleiben muß, wie wir ihn kennen. Die meisten werden aber kaum in der Lage sein, den mythischen Deutungen viel Sinn abzugewinnen. Viele betrachten den Schmerz als unvermeidliches Nebenprodukt der Evolution. Er erscheint ihnen wie eine Antwort der Natur auf die Tatsache, daß beim tastenden Voranschreiten des Lebens nicht alles sofort gelingt, sondern auch unangepaßte, unzulängliche und untaugliche Lebewesen entstehen. Die Erwartung geht jedoch dahin, daß die Schmerzen der irdischen Lebewesen, die jetzt oft maßlos und sinnlos sind, durch die weitergehende Evolution dem Leben besser angepaßt werden.

Aber trotz aller Deutungen und Erklärungen ist es entsetzlich, was der Schmerz uns irdischen Lebewesen zumutet. Denn soviel auch im Schmerz begründet, verständlich, zweckmäßig, notwendig, gut und natürlich sein mag: es begegnet in ihm auch ganz anderes. Abgründe tun sich immer neu auf. Grauen starrt uns an, das über all unser Messen und Verstehen hinausgeht. Unser Herz weigert sich, den Schmerz – auch nicht, ja eben gerade nicht den Schmerz der schuldlosen Tiere – einfachhin der Natur zuzusprechen. Anwandlungen von Mitgefühl, leidenschaftliche Anklagen, Hilfsmaßnahmen und vieles dergleichen können manches verbessern, aber das Unheimliche doch nicht beseitigen.

Der Schmerz bleibt ein Schrecken des Denkens. Er läßt sich nicht ins Sinnlose wegdrängen. Das Leben braucht ihn. Aber wir bringen ihn im Sinnzusammenhang des Lebens wohl niemals ganz unter. Etwas sperrt sich. Etwas, das sich allem Sinn zu widersetzen scheint. Denn wo der Schmerz heftig und ohne Unterlaß tobt, wird er ungeheuerlich, unsäglich schlimm, nach menschlichem Ermessen unannehmbar.

Aber vielleicht rüttelt er uns irgendwann so wach, wie es ohne ihn kaum möglich wäre. Das traumhaft-naive Lebensgefühl ist dann plötzlich dahin. Dann verschwinden auch viele Täuschungen und Lebenslügen, in die wir uns einbetten. Etwas wie ein Durchbruch geschieht. Wir sehen, wie rätselhaft ein Leben ist, das sich wie ein Teil vom einen Ganzen des Lebens absondert, um in der Materie einen eigenen Weg des Erkennens und Verlangens zu gehen. Was ist dieses Leben? Muß es in ihm nicht neben Zeiten und Räumen der Freude auch Zeiten und Räume des Schmerzes geben? Ein solches Leben ist ja nicht das ewig Eine und Ganze. Es entsteht nur unter gewissen Bedingungen, stößt fortwährend an Grenzen, muß sich verdrängen und verwunden lassen und irgendwann zum Ende kommen. Je mehr es aber zu sich selbst kommen will, desto mehr erfährt es, daß es nie das Leben selbst werden kann. Es nimmt unter den Bedingungen des an sich Leblosen – der Materie, der Zeit und des Raums – am Leben teil.

Aber es muß sich gegen vieles andere durchsetzen, das stärker ist und ihm widersteht. Seine Kräfte reichen oft nicht einmal aus, den dabei zu erleidenden Schmerz in annehmbaren Grenzen zu halten. Immer wieder muß es sich vom Schmerz überwältigen lassen. Zuletzt bleibt ihm als einziger Fluchtweg der Tod.

Der Schmerz erscheint oft als sein Vorbote. Irgendwie nimmt er auch an seiner Macht teil, die durch und durch nichtig ist und doch das Leben vernichtet. Wie der Tod gleicht er die Lebewesen, die ihn erleiden, in ihrer Ohnmacht einander an. Mit den gleichen äußeren und inneren Schäden treten auch die gleichen Zeichen des Schmerzes auf. Alles läuft ganz gesetzmäßig, unerbittlich hart, ohne Willkür, aber auch ohne Rücksicht auf die Empfindungen der einzelnen Lebewesen. Was dies bedeutet, werden wir auf dieser Erde vielleicht nie begreifen. Aber im Schmerz scheint es etwas zu geben, was uns gewissermaßen in Bann schlagen kann. Mögen wir den Schmerz fürchten, mögen wir ihn verabscheuen, mögen wir über ihn entsetzt sein: ganz verachten können wir ihn als denkende Menschen wohl nie.

Meldet sich im Nein des Schmerzes, das für die einzelnen Lebewesen so grauenvoll sein kann, nicht auch ein Ja? Ein Ja zum einen und ganzen, wahren und guten Leben? Ein Ja, das den Beschädigungen des Lebens umso unerbittlicher widersprechen muß, je tiefer sie gehen? Sagt Augustinus nicht mit Recht, daß durch den Schmerz, den die Tiere fühlen, klar wird, „wie sehr sie in der Lenkung und Belebung ihrer Leiber nach Einheit streben“[3]? Gäbe es das Nein des Schmerzes ohne die Liebe, die das heile Leben bejaht?

Auf solche Fragen können wir in einer Besinnung über den Schmerz der Tiere, den wir nur von außen her kennen, noch nicht antworten. Wenden wir uns also dem Schmerz der Menschen zu, von dem uns auch die Innenseite bekannt ist.

2. Vom Schmerz der Menschen

Wir Menschen lernen den Schmerz schon als Kinder kennen. Seitdem verstehen wir alle etwas davon. Wieweit dieses Verstehen durch unser Reden vertieft wird, ist fraglich. Denn wenn wir nur flüchtig und oberflächlich vom Schmerz berührt werden, ist unsere Abneigung gegen ihn groß und die Fähigkeit, tiefer auf ihn einzugehen, gering. Er erscheint beinahe nur als ein Übel, das man, solange es irgendwie geht, verhindern muß. Anderen, von vielen Schmerzen Zermürbten, mag alles Reden darüber wie sinnlos erscheinen. Sie werden vielleicht mit Laotse sagen: „Der Wissende redet nicht. Der Redende weiß nicht“[4].

Der Schmerz wird von uns Menschen ja nicht nur in einer besonderen Weise erlitten, die sich von der anderer Lebewesen unterscheidet. Jeder

Mensch nimmt diese besondere Weise auch in sein einmaliges Leben auf. Er erleidet und erbildet den Schmerz für sich selbst als einmalig eigenen. Sein Schmerz gehört ihm. Er gehört seinem Schmerz. Er allein.

Es ist gut, wenn wir unseren Leidensgenossen in unmittelbaren Ich-Du-Gesprächen etwas davon mitteilen können. Leider sind die dafür notwendigen Voraussetzungen in dieser Meditation nicht gegeben. Daher können wir das, was über das je Einmalige des menschlichen Schmerzes zu sagen wäre, hier bei weitem nicht ausschöpfen.

Es muß uns genügen, das Besondere im Schmerz der Menschen aus dem Allgemeinen herauszuheben, das dem Schmerz der Tiere und Menschen gemeinsam zukommt. Bereits beim Bedenken des Schmerzes der Tiere ist ja erkennbar geworden, daß die Freude und der Schmerz mit der Besonderung und Verselbständigung der Lebewesen zunehmen. Wir dürfen also den evolutionären Zusammenhang nie außer acht lassen, in dem sich das Besondere des menschlichen Schmerzes herausbildet. Die Geringschätzung der Ganzheit des Lebens und die Übersteigerung der Sonderstellung des Menschen führen ja allzu leicht zu der törichten Annahme, die Menschheit könne und müsse das Problem ihres Schmerzes für sich allein lösen. In einer ausschließlich auf die Menschen bezogenen Perspektive scheint dann der Schmerz zu einer inneren Angelegenheit der Menschheit zu werden, zu einer äußerst unangenehmen, aber doch zu einer der vielen, die durch gezielte Maßnahmen unter Kontrolle zu bringen sind.

Da gibt es ja auch die Fortschritte der neueren Medizin in der Bekämpfung der leiblichen Schmerzen. Da gibt es die zahllosen Mittel, die von der Chemie, der Psychoanalyse und Psychotechnik zur Beseitigung seelischer Leiden bereitgestellt werden. Schließlich gibt es auch einen Katalog politischer Maßnahmen, die, einmal richtig durchgeführt, alle gesellschaftlichen Verhältnisse, unter denen Menschen zu leiden haben, entscheidend verändern und durchwegs erträglich gestalten müßten.

Dennoch läßt sich kaum bezweifeln, daß die Erwartung, die Menschheit könne in ihrer Lebenswelt aus eigener Kraft den Schmerz sozusagen ganz in den Griff bekommen, abwegig ist. Denn Ärzte und Medikamente können nicht überall zur Stelle sein, wo sie benötigt werden. Es zeigt sich auch, daß Menschen, die seelische Schmerzen unter allen Umständen vermeiden wollen, aufs schwerste geschädigt werden. Von der Natur her ist es ja ausgeschlossen, daß ein Lebewesen, das seelischen Schmerzen gegenüber völlig abgestumpft wäre, sich wie ein Mensch verhalten könnte. Die Erfahrungen mehrerer Jahrtausende sprechen außerdem gegen die Möglichkeit, mit politischen Mitteln die Gesellschaft so zu verändern, daß sie keinem Menschen mehr Schmerzen bereitet. Auch die im Tierreich mit der Gesellschaftsbildung verbundenen Schmerzen scheinen diese Erfahrungen zu bestätigen. Man müßte also ein Illusionist sein, um von der Menschheit zu erwarten, sie werde eines Tages aus eigener Kraft alle ungerechten Strukturen abbauen, alle Spannungen auflösen, alle Konflikte beseitigen.

Aber selbst wenn es gelänge, beinahe allen Menschen inmitten einer weiterhin gequälten Tierwelt ein nahezu schmerzloses Dasein einzurichten, würden sich die so Begünstigten vermutlich auf die Dauer recht elend vorkommen. Ihre Lustansprüche, Unzufriedenheiten und Empfindlichkeiten wüchsen ins Grenzenslose. Ihre Abhängigkeit von vielerlei Schmerzverhütungsmitteln würde zu einer Gefangenschaft. Vermutlich lebten sie in ständiger Angst vor dem Schmerz, betrachteten die leiseste Berührung mit ihm als Katastrophe und müßten, wenn er doch einmal wütend über sie herfiele, in einen Abgrund der Sinnlosigkeit stürzen.

Es wäre also nicht gut, wenn wir den Schmerz in einer ausschließlich auf den Menschen bezogenen Perspektive betrachten wollten. Was unser Schmerz für uns bedeutet, kann sich nur zeigen, wenn wir die ganze Evolution des Lebens, zu der er gehört, mitbedenken. In diesem Zusammenhang soll nun aber auch das Besondere des Schmerzes der Menschen hervortreten.

Es beruht, wie ich meine, vor allem darauf, daß wir den Schmerz nicht nur als Einzelwesen im Lebensbereich der Materie, sondern auch als Einzelwesen im Lebensbereich des Geistes erleiden. Als „Materie" sei hier das Wirkliche verstanden, insofern es unter den Bedingungen von Raum und Zeit ausgedehnt und teilbar ist, als solches jedoch nichts erkennen und auch nichts als erkanntes gutes Ziel anstreben kann. Dagegen soll das Wort „Geist“ hier das Wirkliche bezeichnen, insofern es, ohne in Raum und Zeit ausgedehnt und teilbar zu sein, mit sich selbst eins ist und alles, was ist, in dieses Einssein hineinnimmt, Wahres als solches erkennt und Gutes als solches frei will und tut.

Wenn nicht alles täuscht, ist schon im Tierreich ein Erleiden von Schmerzen nur dort möglich, wo es etwas wie die Einheit eines Selbst und ein irgendwie darauf bezogenes Erkennen und Verlangen gibt. Einen Hauch von Geist oder etwas Geistähnliches enthalten also schon die Schmerzerfahrungen im Lebensbereich der Materie. Im Leben der Menschen aber kommt der Geist in gewisser Weise zu sich selbst. Die meisten Menschen sind ja wohl überzeugt, daß sie als zum Denken befähigte Lebewesen nicht nur ganz anders als die Tiere am Leben des Geistes teilnehmen können, sondern auch annehmen dürfen, in gewisser Weise selbst Geist zu sein. Sie verstehen sich als Einzelwesen im Lebensbereich des Geistes, die auf andere Einzelwesen desselben Lebensbereichs bezogen sind und mit ihnen zusammen selbständig sich dem Sein öffnen und dem erkannten Wahren und frei gewollten Guten gemäß leben können und sollen.

Das Personale im Schmerz der Menschen

Diese Menschen bezeichnen sich in der von der lateinischen Bibel und der christlichen Theologie geprägten Welt seit dem ersten Jahrtausend als „Personen". Vieles von dem, was Menschen in der jüdisch-christlichen Glaubensgeschichte gegenüber dem personhaft erscheinenden Gott erfahren haben, ist mit der Bezeichnung und dem Begriff der „Person" verbunden. In anderen Kulturkreisen, vor allem in Ostasien, sieht man die Vereinzelung im Lebensbereich des Geistes nicht als endgültig an. Dort wird daher vieles, was in Europa und Amerika über die menschliche Person und ihre Würde gesagt wird, nicht übernommen. Von einer allgemeinen Anerkennung des menschlichen Personseins sind wir also weit entfernt.

Daher wird in dieser Meditation über den Schmerz der Menschen von den Besonderheiten des jüdisch-christlichen Persondenkens abgesehen. Auf dieser Wegstrecke soll ja niemand etwas aufgeredet werden, was er in keiner Weise mitvollziehen kann.

Die Menschen werden hier also nur insofern als Personen bezeichnet, als sie selbständige Einzelwesen sind, die zusammen mit anderen Einzelwesen derselben Art als Teilnehmer am Geist und an der Materie in der Welt des Geistes und der Materie zu leben haben. Das bedeutet, daß sie in ihrem Wesen und in ihrem In-der-Welt-Sein anders sind als die Tiere. Denn nach allem, was wir wissen, können auch die lernfähigsten Tiere Geist und Materie nicht unterscheiden und das eine Ganze des Seienden, das Geist und Materie umfaßt, in keiner Weise denkend verstehen. Daher sind sie auch nicht in der Lage, in der Welt des Geistes selbständige Einzelwesen zu werden und mit ihren Artgenossen geistbestimmte Gemeinschaften zu bilden.

Vielen Menschen wird es freilich schwerfallen, den Wesens- und Seinsunterschied, der sie aus der Tierwelt heraushebt, voll anzuerkennen. Vielleicht ist manchen von ihnen der Satz des weisen Kohelet aus dem Herzen gesprochen: „Was die einzelnen Menschen angeht, dachte ich mir, daß Gott sie herausgegriffen hat und daß sie selbst daraus erkennen müssen, daß sie eigentlich Tiere sind" (Koh 3,18). Wir können daher nicht erwarten, daß alle Menschen das Besondere ihres Schmerzes in derselben Weise bestimmen. Aber je mehr die Menschen ihr Personsein verstehen und annehmen, desto mehr wird ihnen wohl aufgehen, daß ihr Schmerz sie ganz anders als die Individuen des Tierreiches angeht. Denn wenn der Schmerz eine Person nicht nur flüchtig streift, sondern tief in sie eindringt, muß ihre Welt als ein Ganzes erschüttert werden. Es kommt zu einer Zerreißprobe, in die alles hineingezogen, aber gerade dadurch auch in schrecklicher Weise geeinigt wird. Mit Martin Heidegger wird man also vom Schmerz der Person sagen können: „Der Schmerz reißt zwar auseinander, er scheidet, jedoch so, daß er zugleich alles auf sich zieht, in sich versammelt"[5].

Offensichtlich ist auch das innere Einswerden der Person mit sich selbst und dem einen Ganzen des Seins mit ihrer Bereitschaft verbunden, nicht nur den eigenen Schmerz zu erleiden, sondern auch am Erleiden des Schmerzes der Welt teilzunehmen. Die Person erkennt ja, daß sie nur mit anderen Personen zusammen sie selbst sein kann. Durch dieses Selbstsein-im-Zusammensein wird das eine Ganze der personalen Welt stets mitbestimmt. So gehört die Person zur ganzen Geschichte der personalen Welt, wie diese Geschichte zu ihr gehört. Daher geht das Gute der Welt in sie ein. Sie darf sich daran freuen. Aber sie kann sich den vielfältigen Übeln der Welt nicht entziehen. Der Schmerz, der darauf reagiert, muß ihr eigener Schmerz werden.

In einer von Übeln gezeichneten Welt könnte also eine unverletzliche und leidensunfähige Person sich weder mit sich selbst noch mit anderen Personen in Liebe einigen. Sie braucht den Schmerz auch, um in dieser Welt wahr und gut sein zu können. Daher versteht sie immer besser, daß der Schmerz nicht nur von Übel ist, sondern sich in ihr auch gegen das Übel empört. Zwar wird sie alles tun müssen, was in ihrer Macht steht, um die materiellen Schäden, die Schmerzen hervorrufen, zu beheben. Ihre Würde zeigt sich jedoch auch darin, daß sie sich diesen Schmerzen gegenüber geistgemäß verhalten und zuweilen eine gewisse Freiheit bewahren kann. Daher wird sie nicht jeden Preis zahlen, um ihnen zu entkommen. Im Ringen mit den leiblichen Schmerzen, die nicht vermieden werden können, zeigt sie vielleicht Heldenmut. Der Geist drängt die Person aber auch, die leiblichen Schmerzen, die in ihrer Umwelt erlitten werden, sich zu Herzen zu nehmen und seelisch mitzuerleiden. Die seelischen Schmerzen können dabei über alle Maßen groß werden. Man denke nur an den Schmerz einer Mutter, deren Kind zu Tod gequält wird.

Die Person muß aber als Geistwesen auch erkennen, daß nicht nur materielle Schäden Schmerzen erzeugen. Eine Hauptursache der Schmerzen ist ja geistiger Art und liegt im Innern der Personen selbst. Es ist der Mißbrauch der Freiheit, die freie Unterlassung des Guten, das getan werden sollte, und das freie Tun des Schlechten, das unterlassen werden sollte: das, was eine große Denküberlieferung als das sittliche Übel, als das Böse im eigentlichen Sinn bezeichnet. In den Religionen, in denen Gott den Menschen personhaft begegnet, ist dieses Böse die Sünde, das größte Übel, das gedacht werden kann.

Paradoxerweise ist es nicht immer und überall mit dem Schmerz verbunden. Aber je mehr ein Mensch Person wird, je mehr die Einheit der Liebe in ihm alles bestimmt, desto tiefer dringt der Schmerz wegen des sittlichen Übels in seine Seele ein. Er sieht ja mit den Augen des Herzens, wie sich das Böse in seinem eigenen Leben, im Leben der anderen Personen und in der ganzen Geschichte der Menschheit auswirkt. Dies muß ihn mit Abscheu, mit Trauer, mit Entsetzen erfüllen und zum Kampf gegen das Böse antreiben. Es ist allerdings Sache seiner Freiheit, zu entscheiden, wieweit er diesen seelischen Schmerz zulassen und sich unter seinem Druck für das Gute einsetzen will. Er kann größten Verbrechen, eigenen und fremden, gegenüber so tun, als ginge ihn dies alles nichts an. Aber er kann sich auch von dem unermeßlichen Schmerz, den Massenvernichtungen, wie die von Auschwitz, auslösen müssen, bis ins Innerste durchbohren lassen.

Vom Tastsinn

Zum Reifen der Person gehören also auf dieser Erde leibliche und seelische Schmerzen. Die leiblichen Schmerzen werden vor allem vom Tastsinn empfunden. Natürlich kommt auch auf den Wegen der übrigen Sinne manches auf den Menschen zu, was ihn quälen kann. Aber die schlimmsten leiblichen Schmerzen entbrennen offenbar dort, wo wir spüren, daß unser Leib an der Oberfläche oder im Innern von etwas berührt wird, was ihm schwer schadet.

Das ist wohl kein Zufall. Denn der Tastsinn ist, wie Thomas von Aquin, einer alten Überlieferung folgend, sagt, der „Grund der anderen Sinne"[6]. Er braucht offenbar die Betätigung der anderen Sinne nicht, aber sie sind stets auf ihn angewiesen. Denn jede Betätigung des sinnlichen Lebens scheint vorauszusetzen, daß ein Lebewesen durch Berührungen etwas erfahren kann. Auf jeden Fall gehört der Tastsinn zur Grundausstattung jedes sinnenbegabten Lebewesens. In den höheren Tieren werden die

Fähigkeiten des Berührens, Spürens, Fühlens, Greifens, Anfassens und Auffassens, Findens und Empfindens, Fangens und Empfangens immer feiner und vielfältiger. Uns Menschen läßt der Tastsinn an der ganzen Oberfläche des Leibes und weithin auch in seinem Innern erfahren, wie es uns in der Welt der Materie geht, wie sie auf uns einwirkt und wie wir auf sie einwirken. Dies ist eine Grunderfahrung unseres sinnlichen Lebens. Daher ist es auch möglich, daß Lust und Schmerz vom Tastsinn her unser ganzes Lebensgefüge in heftigste Schwingungen versetzen und besonders im Lieben und im Sterben stärker werden als alle anderen Sinneserfahrungen.

Der Mensch, der einsieht, daß er in der Welt der Materie und des Geistes als Person zu leben hat, wird wohl immer mehr erfahren, wie sehr seine Erlebnisfähigkeit, sein Grundbefinden und seine Gesamtstimmung von seinem Tastsinn abhängen. Dies zeigt sich auch auf den Höhen des Denkens. Denn dort wird sich der Mensch umso geschickter bewegen, je besser er gelernt hat, sich in der Welt der Materie tastend zurechtzufinden. Thomas von Aquin übernimmt also wohl mit Recht die Meinung, daß Menschen mit besserem Tastsinn auch Menschen mit besserer Verstehenskraft seien[7]. In der Tat kann sich das geistige Verstehen, Wollen und Handeln nur in dem Maß entwickeln, in dem Menschen allen sie berührenden Dingen, Lebewesen, Personen und Ereignissen angemessen begegnen und das Große vom Geringen, das Gewaltige vom Zarten, das Heitere vom Entsetzlichen klar unterscheiden können.

Einer Person, die ihren leiblichen und seelischen Tastsinn fortwährend verfeinert, erschließen sich also allmählich mit allen Arten der Lust und der Freude auch alle Arten des Schmerzes und der Trauer. Ihre Liebe braucht offenbar beides. Sie könnte auf die Dauer nicht leben, wenn ihr alle Lust und Freude genommen würde. Aber sie versteht auch immer besser, daß ihr Unterscheidungsvermögen in dieser guten und schlechten Welt auf den leiblichen und seelischen Schmerz angewiesen ist. Daher muß sie sich sprachlich mit dem Schmerz auseinandersetzen. Sie benennt sein Reißen und Zerren, sein Stechen und Bohren, sein Pressen und Würgen, sein Beißen und Brennen im Bereich ihres Leibes. Sie beklagt ihre innere Entwurzelung, ihr Alleinsein, ihre panische Angst, ihr maßloses Unglück, ihre abgrundtiefe Verzweiflung. Solange es geht, erzählt sie auch anderen Personen von ihrer Not, ruft Ärzte und Freunde herbei, erbittet Heilmittel und Trost, klagt Schuldige an und fordert die Solidarität aller bei der Beseitigung der Übel, die den Schmerz hervorrufen.

Alles spricht ja dafür, daß der Schmerz, soweit wir ihn als Personen kennen, immer und überall als Reaktion auf ein – oder mehrere – Übel auftritt. Wo alles ohne Einschränkung gut geht, scheint es keinerlei Schmerz geben zu können. Andererseits scheint dort, wo er vorkommt, immer noch etwas Gutes zu sein, das einem Übel widerstehen muß.

Augustinus erklärt also wohl mit Recht: „Wenn nichts Gutes in der Natur übriggeblieben wäre, gäbe es über kein verlorenes Gutes mehr Schmerz“[8]. Thomas von Aquin wagt sogar zu schreiben: „Der Schmerz über den Verlust von etwas Gutem erweist das Gutsein der Natur“[9]. Der Satz ist kühn. Thomas will damit den Schmerz nicht als einen völlig natürlichen Vorgang hinstellen und über seine Schrecklichkeit hinwegtäuschen. Er lehnt in diesem Zusammenhang die Annahme, der Schmerz sei ein „natürlicher Vorgang des Strebevermögens“, ausdrücklich ab. Aber darin, daß alles höhere Leben, das von einem Übel berührt wird, Schmerz empfinden muß, entdeckt er den Erweis einer Güte, die sich in der Natur durchhält. Es steht für ihn auch fest, „daß im Schmerz und in der Trauer etwas Gutes ist, durch dessen Wegnahme es noch schlimmer werden kann“[10].

Andererseits ist es für uns Menschen freilich erschreckend zu beobachten, wie sich der Schmerz über die Besonderheiten und Einzelheiten des Lebens hinwegsetzt. Er kommt, wie bei Krebskranken, häufig zu spät. Einmal in Gang gesetzt, scheint sein Mechanismus rücksichtslos abzulaufen. Was die betroffene Person selbst getan und unterlassen hat, fällt dabei oft so wenig ins Gewicht wie das, was sie vielleicht noch tun und unterlassen kann. Eine geschmeidige Anpassung des Allgemeinen an das Besondere und Einzelne, eine genaue Entsprechung zwischen Schmerz und Sittlichkeit scheint in weiten Bereichen unmöglich zu sein. Die Person wird vom

Schmerz, trotz aller Versuche, ihn zu beherrschen, oft in unermeßlich demütigender Weise besiegt. Die Klagelieder der ganzen Menschheit bezeugen es.

Von der Liebe und vom Tod

In das Leben einer Person kann der Schmerz also wie ein Naturereignis einbrechen. Wie ein Feuersturm, der sie ganz durchflammt und eine Entscheidung zwischen Leben und Tod erzwingt. In ihrer Welt verliert dann alles sein Maß. Aller Sinn schwindet dahin. Der Schmerz wird gleichsam das Eine, das alles beherrscht. Die Person, die ihm zum Opfer fällt, wehrt sich vergeblich. Vielleicht entkommt sie ihm durch einen Sprung in den Tod. Oder sie erschöpft ihre Kräfte in heftigem Widerstand und langsamer Ergebung. Zuletzt versagt wohl alles Verstehen, Wollen und Handeln. Vielleicht ist dies der Augenblick ihres Sterbens. Der Übergang in den Tod mag Verzweiflung sein – oder Liebe, die sich frei dem Einen ergibt, das alles ist.

Aber vielleicht verliert die Person nur ihr Bewußtsein. Sie mag danach wieder zu sich kommen. Ihr Schmerz mag irgendwann nachlassen. Ihr Feinsinn und ihr Unterscheidungsvermögen erwachen dann vielleicht neu. Nach dem Abstieg in die Abgründe ihres Lebens versteht sie sich ja wohl ganz anders als zuvor. Was wird sie nun vom Schmerz denken, den sie bis zur Grenze des Erträglichen durchlitten hat?

Sie kann ihn vergessen. Wie eine Mutter, die nach der Geburt ihres Kindes nicht mehr an ihre Wehen denkt, weil die Freude über das neue Leben sie ganz erfüllt (vgl. Joh 16,21). Es mag dann auch verständlich werden, daß der Durchzug durch die enge Pforte, die zum Leben führt (vgl. Mt 7,14), für die Mutter und ihr Kind schmerzlich sein muß. Aber sobald ein Mensch versucht, den Sinn des Schmerzes ganz zu begreifen, verstrickt er sich wohl immer wieder in Zweifeln und Widersprüchen. Er wird ja vom Schmerz abgestoßen. Zuviel Furchtbares, Feindliches, Vernichtendes ist in ihm. Es ist wider alle Vernunft, schlicht zu sagen, daß man ihn gern hat. Und doch wird der Mensch manchmal fragen: Wie kann der Schmerz plötzlich für mich wie der eine Herr werden, der mich ganz beherrscht und bis in den Grund demütigt? Es geht ihm vielleicht immer mehr auf, daß sich – gegen allen äußeren Anschein – in der Gewalt des Schmerzes ein Hinweis auf die Gewalt der Liebe verbirgt. Im Hohenlied wird die Gewalt der Liebe ja sogar mit der des Todes verglichen:

„Stark wie der Tod ist die Liebe,
die Leidenschaft ist hart wie die Unterwelt.
Ihre Gluten sind Feuergluten,
gewaltige Flammen.
Auch mächtige Wasser können
die Liebe nicht löschen;
auch Ströme schwemmen sie nicht weg" (Hld 8,6–7).

Der Schmerz ist nicht die Liebe. Er ist auch nicht der Tod. Aber er gehört zur Welt der Liebe und des Todes. Die Liebe scheint ihm ja immer und überall vorauszugehen. So schreibt auch Meister Eckhart im Buch der göttlichen Tröstung: „Alles Leid kommt her von Liebe und Zuneigung"[11]. Denn wo es die Liebe – als erkennendes Einigungsstreben – nicht gäbe, wären auch keine Empfindungen da, die auf ihr Gelingen und Scheitern verschieden antworteten. Ein liebeleerer Raum und eine liebeleere Zeit wären freudlos und schmerzfrei. Es scheint also, daß der Schmerz nur soweit und solange auftreten kann, als eine Liebe von etwas berührt wird, das ihr widerstrebt. Dies ist wohl vor allem das Fehlen oder die Zerstörung der von der Liebe erkannten und gewollten Einheit. Jeder Schmerz scheint also auch darauf hinzuweisen, daß diese Einheit, die in der Welt des Lebens als Heil, Glück und Friede erfahren wird, noch nicht oder nicht mehr gegeben ist.

Für die Personen, die auf dieser Erde leben, ist die Vernichtung ihrer Lebenseinheit der Tod. Daher gehört der Schmerz auch in seine Nähe. Wo er seine volle Stärke erreicht und nicht betäubt wird, kündet er den Tod an. Er scheint meistens auch heftiger zu werden, wenn eine Person die Todeszone betritt. Gerade dann kann aber auch die Liebe über sich hinauswachsen und zeigen, was sie selbst in tiefster Ohnmacht durch bloßes Geschehenlassen vermag.

Wenn wir dies bedenken, verstehen wir mit der Zeit vielleicht immer besser, wie die Liebe, der

Schmerz und der Tod zusammengehören: Die Liebe scheint das Erste und Letzte zu sein. Sie muß vom Schmerz vorausgesetzt werden. Aber sie kommt in einer Welt, in der der Tod herrscht, nur durch den Schmerz zu sich selbst. Daher ist aber auch zu fragen, ob die Liebe und ihr Schmerz nicht stärker sind als der Tod. In den meisten Religionen geht ja die Frage nach dem Schmerz, den die Menschen zu erleiden haben, über den Tod hinaus. Sie blickt auf den Schmerz, der als Folge irdischer Bosheit zu erleiden ist und vielleicht beendet wird oder endlos fortdauert. Damit dringt die Frage aber auch in den Bereich des übermenschlichen und des göttlichen Personseins: Geht in den Schmerz, der wegen der Zerrissenheit der Natur, der Welt der Lebewesen und der Welt der Personen zu erleiden ist, auch etwas von einem übermenschlichen und einem göttlichen Schmerz ein? Muß die menschliche Liebe nicht auch das Göttliche erleiden, wie viele Mystiker sagen? Für unzählige Menschen scheint es tatsächlich etwas wie ein Leiden am Göttlichen, an einem Gott, mehreren Göttern oder übermenschlichen Geistwesen zu geben. Soweit sie dabei an göttliche oder übermenschliche Personen denken, nehmen sie wohl auch an, daß diese ebenfalls an sich selbst, an anderen Personen und am ganzen Weltlauf zu leiden haben. Achten wir also auch auf den Schmerz der Götter, von dem in den Mythen erzählt wird.

3. Vom Schmerz der Götter

Die Erzähler der Mythen stellen die Götter weithin wie Menschen dar. Aber sie unterwerfen sie nicht allen Bedingungen der Materie, des Raums und der Zeit. Oft lassen sie die Götter wie überirdische, selige, unsterbliche Wesen erscheinen. Sie messen daher ihrem Schmerz nicht viel Bedeutung bei.

Es gibt aber auch Mythen von sterbenden Göttern. In ihnen wird ihr Schmerz wohl ernster genommen. Die Erzähler scheinen ja vorauszusetzen, daß die Götter den Tod irgendwie ähnlich wie wir Menschen erleiden. Es mag hier genügen, einige Beispiele aus Mesopotamien, Ägypten, Kanaan und Griechenland anzuführen[12]. Sie zeigen, daß die Menschen in die Darstellung des göttlichen Daseins auch die Grundspannungen einbringen, in denen sie leben müssen. So finden die Auseinandersetzungen zwischen Leben und Tod, Liebe und Haß, Freude und Schmerz in den Göttermythen ihren Widerhall.

In der Mythenwelt der Sumerer erscheinen Inanna, die Göttin der Liebe, und ihr Geliebter Dumuzi. Inanna, von Machtgier erfüllt, steigt in die Unterwelt ab, fällt in einen Todesschlaf, kehrt aber danach wieder auf die Erde zurück. Ihr Geliebter, der ihr untreu geworden war, erfährt ähnliches. In der akkadischen Fassung desselben Mythos bilden Ischtar und Tammuz das göttliche Liebespaar, dessen schmerzliche Abstiege in die Welt des Todes auch von den Menschen beklagt werden[13].

An den Anfang der Welt stellt das akkadische Gedicht „Enuma elisch" Apsu und Tiamat, das Urpaar, aus dessen Vereinigung alle Götter hervorgehen. Das Urpaar aber kann nicht am Leben bleiben. Apsu, der von den Göttern in seiner Ruhe gestört wird und sie vernichten will, wird vom Gott Ea getötet. Dessen Sohn Marduk tötet Tiamat, zerschneidet ihre Leiche in zwei Teile und bildet daraus das Himmelsgewölbe und die Erde. Die ganze Welt besteht also irgendwie aus dieser Urgottheit und ist wohl auch für immer von ihrem Todesschmerz gezeichnet[14]. Im bekanntesten akkadischen Epos tritt Gilgamesch, Sohn einer Göttin und eines Menschen, als Held der Liebe und des Lebensdurstes hervor. Er hat nicht nur härteste Prüfungen zu bestehen, sondern muß auch Enttäuschungen ertragen, die ihn klagen und weinen lassen. Aber trotz aller Mühen und Schmerzen erlangt er die ersehnte Unsterblichkeit nicht[15].

Das Zusammenspiel der göttlichen Liebe und des göttlichen Todes ist im ägyptischen Osiris-Mythos besonders ausgeprägt. Osiris muß sich ja von seinem Bruder Seth töten lassen. Als getöteter Gott zeugt er dennoch, durch die leidenschaftliche Liebe seiner Gattin Isis bewegt, seinen Sohn Horus, der Seth besiegt und im Totenreich Osiris wieder zum Leben erweckt. So richten Osiris, Isis und Horus die Menschen auf, die erwarten, daß das Leben durch die Liebe den Tod überwindet[16].

In der Religion Kanaans ist der Gott El der Herrscher des Himmels und der Vater der Götter und

Menschen. Den Tod hat er nicht zu fürchten. Aber manchmal erscheint er wie ein schwacher, hilfloser Greis. Sein Sohn Baal, der Herr der Erde, will ihn aus seiner Machtstellung verdrängen. Er überfällt ihn, fesselt ihn und verletzt ihn, so daß er laut klagen und um Hilfe flehen muß. Aber Baal tötet auch den Gott Jam, den Herrn des Meeres, der seinen Vater El verteidigen will. Doch dann muß er selbst in die Unterwelt absteigen und den Tod erleiden. Der Göttervater El ist darüber so traurig, daß er seine Gewänder zerreißt, sich auf die Brust schlägt und sein Gesicht zerkratzt. Der Todesgott Mot, der für den Tod Baals verantwortlich ist, wird von der Göttin Anat grausam ermordet. Schließlich kehren die getöteten Götter wieder zum Leben zurück. Der Gott Baal soll nun ein Reich des Friedens errichten und in Ewigkeit herrschen[17].

Für die Griechen stellt der Gott Dionysos das Leben dar, das sich im Durchgang durch den Tod fortwährend erneuert. Es gibt Mythen von seinen Geburten, seinen Abstiegen in die Unterwelt und seinen neuen Erscheinungen. Man erzählt auch, wie das Dionysoskind, das die Titanen grausam niedergemetzelt und zerstückelt haben, wieder zusammengesetzt wird und als Dionysos-Zagreus neu zum Leben erwacht. So ist Dionysos der Gott des Schreckens und Schmerzes, aber auch der rauschhaften Freude und Fruchtbarkeit[18].

Die unsterblichen Götter des Olymp haben zuweilen auch manches zu leiden. So schmerzt den Gott Hephaistos seine Verstümmelung und Gebrechlichkeit. Und die Göttin Demeter ist bekümmert, weil ihre Tochter Persephone von Zeit zu Zeit mit ihrem Entführer Pluton, dem Gott der Unterwelt, zusammensein muß[19].

Viele griechische Denker schlossen jedoch den Schmerz mehr oder weniger aus dem göttlichen Leben aus. Schon Xenophanes von Kolophon erkannte, daß die menschlichen Vorstellungen dem Sein der Götter nicht ganz angemessen sein können. Die Äthiopier behaupten ja, wie er ironisch bemerkte, die Götter seien stumpfnasig und schwarz, die Thraker dagegen, sie seien blauäugig und rothaarig[20]. Auch Ochsen, Pferde und Löwen müßten sich gewiß entsprechend verhalten, wenn sie Göttergestalten darstellen und verehren könnten[21]. Vom größten Gott ist also zu sagen: Er ist weder in seiner Gestalt noch in seinem Denken den Sterblichen ähnlich. Er bewegt sich nicht und kennt, wenn er alles durch die Kraft seines Denkens erschüttert, keinerlei Mühe[22].

Auch Sokrates wendet sich in Platons Dialog über den „Staat" gegen die Mythendichter. Denn er kann es nicht billigen, daß man von den Göttern schlecht spricht, also beispielsweise erzählt, daß sie einander hassen und bekämpfen, obwohl dies doch nicht wahr ist[23]. Nach seiner Überzeugung muß der Gott mit allem, was zu ihm gehört, in jeder Hinsicht in der besten Verfassung sein[24]. Daher erscheint es ihm auch nicht möglich, daß er sich je verändern will. Jeder Gott ist ja nach dem Maß des Möglichen der Schönste und Beste. Er bleibt immer einfach in seiner Gestalt[25]. Von ernsten Schmerzen eines Gottes darf also vernünftigerweise nicht gesprochen werden.

Das Wesen, das Platons Schüler Aristoteles als den Gott bestimmte, ist „das erste unbewegte Bewegende"[26]. Als das erste Wesen ist es ohne Materie[27], ewig es selbst, reine Wirklichkeit[28]. Es ist undenkbar, daß es irgendwann etwas, was es sein kann, noch nicht oder nicht mehr ist. Unverwirklichtes Seinkönnen gibt es in ihm nicht. Daher bewegt es anderes nicht dadurch, daß es handelnd aus sich herausgeht, sondern dadurch, daß es gewissermaßen geliebt wird[29]. So ist es frei von aller Nichtigkeit des Bewegtwerdenkönnens. Über alle Arten des Leidens ist es völlig erhaben. Denn „Freude ist seine Wirklichkeit"[30]. Seine „Schau ist das Erfreulichste und Beste"[31]. Es ist schon staunenswert, daß es ihm immer gut geht, weil wir erfahren, daß dies bei Menschen nur für kurze Zeit möglich ist. Aber es ist noch staunenswerter, daß das göttliche Gutgehen das menschliche weit überragt[32]. Die reine Wirklichkeit des Gottes ist „bestes und ewiges Leben"[33].

Als „das beste Wesen"[34] muß der Gott, den Aristoteles im Blick hatte, stets „das Göttlichste und Würdigste" denken, ohne sich zu verändern[35]. Jede Veränderung würde ja sein Leben verschlechtern und aus der Ruhe bringen[36]. Das Göttlichste und Würdigste kann aber nur es selbst sein. Daher denkt es ewig sich selbst. Sein Denken ist „Denken des Denkens"[37].

Eine solche Bestimmung des Gottes hat ihre Größe. Sie ist den Göttermythen in vielem überlegen. In ihr ist etwas von der ewigen Einheit, Helle und Ruhe des reinen Geistwesens. Daher zieht Aristoteles bis heute viele denkende Menschen in seinen Bann. Er ließ sich jedoch nicht auf die Frage ein, ob dem „ersten unbewegten Bewegenden" nicht doch wesentliche Züge des göttlichen Lebens fehlen. Die Liebe dieses höchsten Wesens beschränkt sich ja ganz auf sich selbst. Es erschafft die Welt nicht, nimmt an ihren Nöten nicht teil, hat kein Herz für die Leiden der Menschen, kann kein Mitleid mit ihnen empfinden und durch ihre Verfehlungen in keiner Weise beleidigt werden. Vom Adel, der im Leiden und Sterben eines Liebenden verborgen sein kann, weiß es nichts. Es ist nicht die Liebe.

Vielleicht drückt sich in den Mythen also doch etwas wie ein Gespür für die Notwendigkeit des Schmerzes in den höheren und sogar in den göttlichen Lebensformen aus. Sind in diesem Gespür nicht Wahrheitsmomente verborgen, die der aristotelischen Darstellung Gottes abgehen? Scheint es nicht, daß ein Gott, den die Übel der Welt in keiner Weise berühren, nicht liebend in der Welt leben kann und ein Gott, der liebend in der Welt leben will, sie auch auf seine Weise erleiden muß? Auf solche Fragen läßt sich im Kontext vieler Bestimmungen des Gott-Welt-Verhältnisses vieles antworten. Wir wenden uns hier dem Gott der Bibel zu, der nach ihrem Zeugnis (Gen 1,1) am Anfang Himmel und Erde erschaffen hat.

II
Vom Schmerz Gottes in der geschichtlich ausgelegten Bibel

In der Bibel wird menschlich über den Schmerz Gottes gesprochen. Dieses Sprechen ist vielfältig gestimmt und gestaltet. Es führt in die Räume ein, die kein Mensch durchschreiten kann. Hier soll nur einiges davon angedeutet werden. Wir finden es zunächst in den Geschichtsbüchern, den Prophetenbüchern und den Psalmen des Alten Testaments. In anderen Weisen begegnet es uns dann in den neutestamentlichen Evangelien, den Briefen und der Offenbarung des Johannes.

1. Das Zeugnis der Geschichtsbücher

Die Verfasser der Geschichtsbücher Israels erzählen viel von den Schmerzen der Menschen. Nur verhalten deuten sie an, daß es auch in Gott etwas wie Schmerz gibt.

Der bemerkenswerteste Text steht in der Einleitung der Flutgeschichte: „Jahwe sah, daß auf der Erde die Schlechtigkeit des Menschen zunahm und daß alles Sinnen und Trachten seines Herzens immer nur böse war. Da reute es Jahwe, auf der Erde den Menschen gemacht zu haben, und es tat seinem Herzen weh. Und Jahwe sagte: Ich will den Menschen, den ich erschaffen habe, vom Erdboden vertilgen, mit ihm auch das Vieh, die Kriechtiere und die Vögel des Himmels, denn es reut mich, sie gemacht zu haben" (Gen 6,5–7).

Der Erzähler spricht also von Gott menschlich – fast wie von einem Menschen, der durch andere Menschen, die ihm viel verdanken, in eine Zwangslage versetzt wird, so daß er sein gutes Verhalten bedauern und sie töten muß. Denn die Erkenntnis, daß die Menschen immer schlechter werden, ja schon in den Wurzeln ihres Verlangens böse geworden sind, muß – menschlich gesprochen – Gott, der die Menschen erschaffen hat, nahegehen, ihn tief enttäuschen, ihn sogar gegen sich selbst aufstehen lassen. Er kann sich ja nicht von den Menschen zurückziehen, die ganz von ihm abhängen. Aber er kann ihnen auch die Freiheit nicht nehmen, die zu ihrem Menschsein gehört. So muß er wie der Urheber ihrer Bosheit erscheinen. Der Mißbrauch ihrer Freiheit zwingt ihn, sein Erschaffen, das gut war, wegen der bösen Folgen zu bereuen.

Eine paradoxe Zwangslage. Etwas wie Reue muß in Gott sein, und es läßt sich nicht an den Rand drängen. Das Herz Gottes muß sich verwunden lassen, wie ja auch die Bosheit das Herz des Menschen verdorben hat. Die Paradoxie geht aber bis zum äußersten: Derselbe Gott, der die Menschen und die mit ihnen zusammenlebenden Tiere erschuf, will sie vom Erdboden ausrotten. Will er es? Muß er es? Wußte er nicht, was er tat, als er sie erschuf? Kann er nur durch die Tötung der Menschen, der Landtiere und der Himmelstiere das Scheitern seiner Schöpfung verhindern? Die Bosheit der Menschen, die alles in ihnen und ihrer Umwelt zerstört, läßt ihm keine andere Wahl. Aber er kann sich nicht wie ein Herrscher verhalten, den das Schicksal der Beherrschten im Innersten kalt läßt. Die Menschen, in denen sein Geist bleibt, solange sie leben (vgl. Gen 6,3), gehören zu ihm. Er bereut, sie, die wegen ihrer Bosheit vernichtet werden müssen, erschaffen zu haben.

Es gibt wohl nur wenige Texte der Weltliteratur, die in einer so dichten, starken Bildrede die Notwendigkeit des Schmerzes Gottes unserem Geist nahebringen. Der unbekannte Verfasser, der sogenannte Jahwist, ist ja auch einer der großen Erzähler der Menschheit. Er weiß viel von der Freude, aber auch von der Verwundbarkeit des Lebens. Sein Gott ist der Lebendige, der mit allem Lebendigen zusammensein will. Daher scheut sich der Jahwist nicht, in einer scheinbar naiven und doch überlegt zurückhaltenden Weise auch von der Reue und der Verwundung des Herzens Gottes zu sprechen.

Die anderen Verfasser, die in den Geschichtsbüchern etwas von einem Schmerz Gottes andeuten, lassen sich nicht mehr so kühn auf die Gemütsbewegung und das Selbstgespräch Gottes ein. Es gibt aber noch einen Text, in dem, ähnlich wie in der

Einleitung der Flutgeschichte, erzählt wird, daß Gott eine Wohltat bereut und wieder zurücknimmt. An Samuel ergeht der Spruch Jahwes: „Es reut mich, daß ich Saul zum König gemacht habe. Denn er hat sich von mir abgewandt und meine Befehle nicht ausgeführt" (1 Sam 15,11; vgl. V.35). Auch diese Reue ist rätselhaft. Sie bezieht sich zwar nicht auf die ganze Menschheit, wie in der Flutgeschichte, sondern auf einen einzelnen Menschen. Aber sie bleibt nicht im Innern Gottes, sondern tritt gleichsam aus ihm heraus und teilt sich dem Propheten mit. Und dieser wird davon so tief getroffen, daß er die ganze Nacht zu Gott schreit (V.11). Denn hier werden Wunden aufgerissen. Der von Gott selbst eingesetzte, erste König seines Volkes (vgl. 1 Sam 9,15–17) wendet sich von ihm ab und gehorcht seinen Weisungen nicht.

Wie ist das möglich? Hat Gott einen Falschen erwählt? Hat er mit Absicht einen erwählt, dessen Versagen ihm im voraus bekannt war? Sein Versagen geht nicht so weit wie das der Menschheit vor der Flut. Aber es ist das Versagen des Königs Israels, des Volkes Gottes. Es führt dazu, daß Gott seine Erwählung bedauern und ihn verwerfen muß (vgl. V.26).

Samuel spricht also das Urteil über Saul: „Jahwe entreißt dir die Herrschaft über Israel und gibt sie einem anderen, der besser ist als du" (V.28). Unmittelbar darauf folgt jedoch ein Spruch, in dem Gottes Fähigkeit zur Reue verneint wird: „Er, der ewige

Ruhm Israels, kann weder lügen noch bereuen. Er ist doch kein Mensch, so daß er etwas bereuen müßte" (V. 29).

Was bedeutet diese Verneinung? Die Sache ist umstritten. Aber man sieht sogleich, daß die Annahme, hier werde der Spruch Gottes über seine Reue (V. 11) nachträglich zurückgenommen, dem Text nicht gerecht wird. Die Verneinung deutet ja mit keinem Wort auf jenen Spruch hin. Es ist auch nicht ersichtlich, weshalb Samuel nach seinen Worten über die Verwerfung Sauls die Reue Gottes über seine Erwählung leugnen sollte. Eher läßt sich vermuten, daß Samuel die Unwiderruflichkeit der Verwerfung Sauls und der Erwählung Davids, des „anderen, der besser ist" (V. 28), deutlich herausstellen will.

Wie dem auch sei: die Rede Samuels enthält eine Absage an Vorstellungen, die Gott wie einen unaufrichtigen Menschen erscheinen lassen, der seine Zusagen nach einiger Zeit mit dem Ausdruck des Bedauerns zurücknehmen kann. Dieselbe Absage findet sich in einem Spruch des Sehers Bileam: „Gott ist kein Mensch, der lügt, kein Menschenkind, das etwas bereut. Spricht er etwas und tut es dann nicht, sagte er etwas und hält es dann nicht?" (Num 23, 19). Der Kontext zeigt, daß Bileam mit diesem Spruch seine Weigerung begründet, das von Gott gesegnete Israel zu verfluchen. Er stellt keinen Grundsatz einer allgemeinen Gotteslehre auf. Es geht ihm auch nicht darum, Gott seiner Freiheit zu berauben und an seine eigenen Beschlüsse zu binden. Aber er hält es für ausgeschlossen, daß Gott die Segnung Israels wieder zurücknimmt.

Man darf also in einem Bericht über das biblische Reden vom Schmerz Gottes die beiden Sprüche auf keinen Fall übergehen, welche die Möglichkeit einer Reue Gottes verneinen. Aber ihre Bedeutung sollte nicht überschätzt werden. Denn in beiden Sprüchen geht eine Verneinung des Lügens einer Verneinung des Bereuens voraus. Daraus folgt wohl, daß vor allem die Vorstellung abgelehnt wird, Gott sei in seinen Reden nicht immer ehrlich und könne seiner Heilszusagen rasch überdrüssig werden. Von einer nicht mit einer lügenhaften Gesinnung verquickten Reue Gottes wird nichts gesagt. Es läßt sich auch nicht beweisen, daß die beiden Sprüche mit der Absicht vorgetragen werden, Theologen um der Reinheit der Gotteserkenntnis willen zu tadeln, die allzu menschlich von Gott zu reden wagen.

Solches Reden gibt es ja in den Geschichtsbüchern. Spätere – im Einflußbereich der Propheten – gestaltete Texte stellen die Reue Gottes allerdings anders dar, als es im Buch Genesis und im ersten Buch Samuel geschieht. Die Reue bezieht sich nicht mehr auf eine Wohltat, und ihre Folgen sind heilsam. Gott bedauert, seinem böse gewordenen Volk Unheil angedroht oder zugefügt zu haben. Im Blickfeld steht nicht so sehr das sittliche Versagen des Volkes, sondern das Übermaß seines Schmerzes. Das Miterleiden dieses Schmerzes bewegt Gott, seinen Zorn zurückzunehmen, das Unheil abzuwenden und sich trotz der Bosheit der Menschen als Gott des Heils zu erweisen.

In diesem Sinn ist in der Erzählung vom goldenen Kalb die Fürbitte gestaltet, mit der Mose kühn vor Gott tritt: „Laß ab von deinem glühenden Zorn, und laß dich das Böse reuen, das du deinem Volk antun wolltest“ (Ex 32,12). Die Zurücknahme des Beschlusses Jahwes, das Volk im Brand seines Zorns zu verzehren (vgl. V. 10), wird dann mit den Worten erzählt: „Da ließ sich Jahwe das Böse reuen, das er seinem Volk angedroht hatte“ (vgl. V. 14).

Der Verfasser dieses Textabschnittes (V. 7–14) will wohl vor allem darauf hindeuten, daß es Jahwe angesichts der großen Verheißungen, die er den Vätern gegeben hat (vgl. V. 13), leid tun muß, sein Volk mit der Vernichtung bedroht zu haben. An anderen Stellen tritt im Bedeutungsfeld des hebräischen Wortes „nacham“, das die meisten Übersetzer in den bisher angeführten Texten mit „reuen“ oder „bereuen“ wiedergeben, die Bedeutung „Mitleid haben“ oder „leid tun“ hervor. So lenkt das Lied des Mose die Hoffnung Israels auf das zukünftige Mitleid Gottes: „Ja, Jahwe wird seinem Volk recht geben und mit seinen Dienern Mitleid haben. Er wird sehen: Jede Hand ist ermüdet, es gibt nur noch Unterdrückte und Hilflose“ (Dt 32,36). Das Buch der Richter erzählt ähnliches aus der Vergangenheit: „Jahwe hatte Mitleid mit ihnen, wenn sie über ihre Feinde und Unterdrücker klagten“ (Ri 2,18). Am Ende des zweiten Buches Samuel wird die plötzliche Rettung Jerusalems vor der über Israel hereingebrochenen Pest auf das Mitleid Jahwes zurückgeführt: „Als der Engel seine Hand über Jerusalem ausstreckte, um es ins Verderben zu stürzen, tat Jahwe das Unheil leid, und er sagte zu dem Engel, der das Volk ins Verderben stürzte: Es ist jetzt genug, laß deine Hand sinken" (2 Sam 24,16; vgl. 1 Chr 21,15).

In einigen Geschichtsbüchern wird also von dem Schmerz gesprochen, den Gott als Reue und Mitleid – zwar von außen angeregt, aber eigentlich aufgrund seiner Liebe – sich gewissermaßen selbst zufügen will. Doch zeigt sich im Buch Deuteronomium, im Richterbuch und vor allem in den Königsbüchern eine andere Seh- und Sprechweise. Denn Bemerkungen über die Reue und das Mitleid Gottes sind hier selten. Es gibt sie zwar, wie wir gesehen haben, im Buch Deuteronomium und im Richterbuch (Dt 32,36; Ri 2,18). Aber sie fehlen in den Königsbüchern. Gott tritt hier nicht als der Herr auf, der selbst über seinen Schmerz bestimmt. Vielmehr sind es Menschen, die durch ihr böses Tun und Verhalten seinen Schmerz hervorbringen. Er läßt es zu, daß sie ihn unzählige Male beleidigen.

Es ist aber bezeichnend, daß die Rede von einer Gott zugefügten Beleidigung nur im Kontext der Lebensgemeinschaft vorkommt, die ihn mit seinem Volk verbindet. Von Beleidigungen Gottes durch die Heiden wird nie gesprochen. Daraus ergibt sich zwar nicht, daß ihnen die Fähigkeit dazu schlechtweg aberkannt wird. Aber die Beleidigungen, welche die Glieder des Volkes Gottes, vor allem seine

Könige, ihm zufügen, erhalten im Bereich der Bundesbeziehung einen besonderen Charakter. Sie sind tief verletzend. Der Gott des Bundes kann sich ja seinen Bundesgenossen nicht entziehen, die ihn leiden lassen. Er ist ganz für sie da, sie aber enttäuschen ihn, kränken ihn, ärgern ihn, erzürnen ihn nach ihrem Belieben.

Zu solchen Beleidigungen Gottes kommt es in Israel vor allem dadurch, daß Menschen sich anderen Göttern zuwenden (Dt 32,16.17.21; Ri 2,12; 1 Kön 16,13.26; 22,54; 2 Kön 22,17; vgl. 2 Chr 34,25), Gottesbilder herstellen (Dt 4,25; 1 Kön 14,9), Kultpfähle errichten (1 Kön 14,15; 16,33) und an verbotenen Kultstätten auf den Bergen Opfer darbringen (2 Kön 17,11; 23,19; vgl. 2 Chr 28,25). In gewisser Weise ergibt sich eine Beleidigung Gottes aber auch aus jeder Sünde (1 Kön 16,2) und aus allem, was Jahwe mißfällt (1 Kön 16,7; 2 Kön 21,6.15; vgl. 2 Chr 33,6) oder in seinen Augen böse ist (Dt 9,18; 31,29).

Das Motiv der Beleidigung Gottes spielt also besonders in den Königsbüchern, die vom Abfall und von der Treulosigkeit Israels erzählen, eine wichtige Rolle. Die Verfasser zeigen deutlich genug, wie sehr das sündige Volk seinen Gott leiden läßt. Es ist das Volk, das er ins Herz geschlossen und erwählt hat, das Volk, das er liebt und nicht fallen läßt (vgl. Dt 4,31; 7,7–8), das Volk, das die Weisung erhält, ihn mit ganzem Herzen, mit ganzer Seele und mit ganzer Kraft zu lieben (Dt 6,4). Wenn dieses Volk ihm die Liebe verweigert, muß sein Schmerz groß sein.

2. Das Zeugnis der Propheten

Die Prophetenbücher enthalten viele Texte, in denen das Geheimnis des Schmerzes Gottes angesagt wird. Einige wichtige seien hier angeführt.

Das Buch Amos

Da gibt es die Erzählungen von den beiden ersten Visionen des Propheten Amos. Sie zeigen, daß Gott das Unheil, in das er sein untreues Volk stürzen muß, im letzten Augenblick abwendet. Denn der Prophet, der schon eine Heuschrecken- und eine Hungerkatastrophe auf Israel zukommen sieht, bittet Gott mit aller Kraft um Vergebung und Einhalt. Er stellt ihm vor Augen, daß die Katastrophen dem hilflosen Volk das Leben zerstören: „Was soll denn aus Jakob werden? Es ist ja so klein" (Am 7,2.5). Da wird Gott von Reue ergriffen und nimmt seine Beschlüsse zurück (vgl. V. 3 und 6). Er sieht sie nicht als ungerecht an. Aber er verhält sich wie ein Mensch, den es schmerzt, etwas beschlossen zu haben, was seine Freunde vernichten muß. Sein Schmerz bewegt ihn sogar, sich geradezu ungöttlich zu benehmen und die eigenen Pläne zu verwerfen.

Der Prophet Amos muß in seiner dritten und vierten Vision allerdings einsehen, daß Israel nicht mehr mit der rettenden Reue Gottes rechnen kann. Er vernimmt von ihm die entsetzlichen Worte: „Mein Volk Israel ist reif für das Ende. Ich verschone es nicht noch einmal" (Am 8,2; vgl. 7,8). Das besagt nicht, daß es in Gott keinen Schmerz mehr gibt. Aber es sieht so aus, als sei der Schmerz erstarrt und versteinert. Er kann nicht mehr tätige Reue sein, Gott nicht mehr zur Schonung bewegen. Das Unheil nimmt seinen Lauf.

Das Buch Hosea

Auch im Buch Hosea gibt es einen Gottesspruch, der das Blut stocken läßt: „Meine Augen kennen kein Mitleid" (Hos 13,14). Der Satz muß zwar in seinem Kontext verstanden werden. Er behauptet ja keineswegs, Gott könne nie und nirgends Mitleid empfinden. Aber er weist auf eine bestimmte, immer näher kommende Zeit hin. In ihr wird es furchtbar sein. Gott wird sein Mitleid nicht kennen. Sein Zorn wird ungehemmt gegen sein Volk entbrennen, gegen sein satt und überheblich gewordenes Volk, das ihn vergessen hat. Wie ein Löwe wird er ihm nachstellen, wie ein Panther ihm auflauern, wie eine Bärin, der man die Jungen geraubt hat, über es herfallen. Es wird vernichtet werden, und niemand wird ihm zu Hilfe kommen (V. 6–9). Gott wird es auch nicht aus der Gewalt der Unterwelt befreien und nicht vom Tod erlösen (V. 14).

Grauenhafte Vorstellungen! Wer sie ernst nimmt, gerät an den Abgrund der Verzweiflung. Kann Gott sich wie ein Raubtier verhalten? Gibt es Zeiten, in denen er ohne Mitleid zuläßt, daß Kinder zerschmettert und schwangere Frauen aufgeschlitzt werden (Hos 14,1; vgl. 10,14)? Traut der Prophet seinem Gott so etwas zu?

Man darf ihn nicht falsch verstehen. Er sagt nie, daß das Erkennen der Schmerzen der Schöpfung für Gott schmerzlos sei. Der Gottesspruch, den er verkünden muß, schließt nicht den Schmerz aus, sondern die schmerzvolle Selbstüberwindung Gottes, welche die Menschen als Rettung erfahren. Hosea gibt sich in dieser Hinsicht keiner Täuschung hin. Er weiß ja, daß Israel seinen Gott bitter gekränkt und Blutschuld auf sich geladen hat (Hos 12,15). Daher muß er eine Finsternis ohne Mitleid erwarten, eine Zeit des Untergangs, in der kein Mensch Trost findet. Er deckt das Unglück schonungslos auf und duldet keine Verschleierung. Der Schmerz der Menschen enthüllt sich in all seiner Schrecklichkeit. Der Schauder vor dem Gott, der im Hinblick auf eine bestimmte Zeit kein Erbarmen kennt, erschüttert alles.

Aber das Buch Hosea enthält auch einen Text, in dem Gott selbst offenbart, wie sein Mitleid in einem ungeheuren Herzenskampf seinen Zorn überwindet (Hos 11,1–11). Er stellt sich als der Gott vor, der Israel liebte, als es jung war. Er nahm es ja als seinen Sohn an. Er rief es, lehrte es laufen, heilte es, nahm es auf seine Arme, zog es mit den Banden seiner Liebe an sich, war glücklich und zärtlich wie die Väter und Mütter, die ihr Kind an die Wange nehmen, sich über es neigen und es nähren. Aber er muß ihm nun vorwerfen, daß es wegrannte, je mehr er es zu sich rief. Es kam nicht zu ihm, sondern lief zu den Bildern Baals, des Gottes der Fruchtbarkeit. Es verstand nicht, daß er es heilen wollte. Es blieb nur seiner Treulosigkeit treu und suchte Zuflucht bei Baalsbildern, die nicht helfen können (vgl. V. 1–7).

Aus diesen Vorwürfen spricht der Schmerz einer Liebe, die über alle Maßen enttäuscht worden ist. Was soll der Gott der Liebe nun tun? Müßte er nicht um der Liebe willen sein Volk verwerfen, das seine Liebe verworfen hat? Aber könnte die Liebe, die solches täte, noch seine Liebe sein? Jahwe, durch die Liebe an sein Volk gebunden, wirbt geradezu beschwörend um sein Verständnis: „Wie könnte ich dich preisgeben, Ephraim, wie dich aufgeben, Israel?" Soll er es den Städten Adma und Zebojim gleichstellen, die er in seinem brennenden Zorn wie Sodom und Gomorra zerstört hat (vgl. Dt 29, 22)? Nein! Er muß seinem Volk gestehen, wie sehr er seinetwegen an sich selbst leidet: „Mein Herz wendet sich gegen mich, mein Mitleid lodert auf. Ich will meinen glühenden Zorn nicht vollstrekken und Ephraim nicht noch einmal vernichten. Denn ich bin Gott, nicht ein Mensch, der Heilige in deiner Mitte" (V. 8–9).

Welch unerhörte Offenbarung! Da ist kein Prophet mehr, der fürbittend seinem Volk beizustehen und Gott umzustimmen versucht. Seine Vermittlung könnte ja nichts mehr ausrichten. Jetzt muß Gott um seiner Liebe willen gegen sich selbst kämpfen. Dabei kommt es zu einem Umsturz, der unser Denken erschauern läßt. Das Herz Gottes, die unerschütterliche Mitte seines Lebens, wendet sich gegen ihn. Es ist sein Herz und scheint es doch nicht zu sein. Aber das Mitleid – die bereuende, sich selbst überwindende und verschenkende Liebe – lodert übermächtig auf, um den glühenden Zorn zu verzehren. Der Beschluß zur Vernichtung des Volkes kann nicht mehr vollstreckt werden. Die zürnende Liebe, die kein Unrecht dulden kann, wird durch die Liebe des Mitleids besiegt. Dieser Sieg offenbart: Gott ist Gott, nicht ein Mensch.

Die Paradoxie einer solchen Offenbarung liegt nicht zuletzt darin, daß von Gott auch gesagt werden muß: Er ist Gott und kein Mensch, der etwas bereut (vgl. Num 23,19; 1 Sam 15,29). Aber er geht über alle Weisheit des menschlichen Sagens hinweg. Weil er Gott ist, kennt er den Herzensumsturz und den Feuersturm der bereuenden, sich selbst überwindenden und verschenkenden Liebe.

Nun erweist sich, daß sein Volk, das ihn bitter gekränkt und den Zorn seiner Liebe aufs äußerste gereizt hat, ihn nicht zwingen kann, es endgültig preiszugeben. Kein Mensch dürfte ihn ungerecht nennen, wenn er es täte. Nach menschlichem Ermessen war das Versagen des Volkes so schrecklich, daß er, der Heilige, es hätte tun müssen. Aber er ist in seiner Liebe unfaßbar frei. Wo er lieben will, überwindet er alle Grenzen. Trotz der maßlosen Untreue seines Volkes bleibt er als der Heilige in seiner Mitte. Er ist der ganz Andere, der gegen alle Erwartungen den Kampf der Liebe um Leben und Tod in sich selbst hineinnimmt und austrägt.

Das Buch Hosea enthält also Reden, in denen der Gott der Liebe andeutet, wie er an sich und seinem Volk leidet. Der Prophet ist aber nicht nur Überbringer dieser Andeutungen. Er wird selbst in den Schmerz Gottes hineingezogen, um ihn irgendwie mitzuerleben. Er erhält ja die Weisung, eine dem Baalskult verfallene Frau zu heiraten (Hos 1,2). Im Aushalten der Widersprüche dieser Liebesbeziehung erfährt er am eigenen Leib, was zwischen Gott und seinem Volk vorgeht. So kann er glaubhaft bezeugen, daß ein Schmerz ohnegleichen notwendig ist, um das Mitleid Gottes über seinen Zorn siegen zu lassen. Im Hinblick auf die nächste Zukunft muß er ansagen, daß Gott kein Mitleid kennt. Nach der Geburt seiner Tochter vernimmt er sogar die Weisung: „Gib ihr den Namen Lo-Ruhama (kein Erbarmen)! Denn von jetzt an habe ich kein Erbarmen mehr mit dem Haus Israel, nein, ich entziehe es ihnen" (Hos 1,6). Die Verneinung des Erbarmens im Hinblick auf eine bestimmte Zeit ist also ernst und unwiderruflich. Aber sie ist nicht das letzte Wort der Botschaft Hoseas. Die Wahrheit, die er für Gott tut und erleidet, ist die Wahrheit der bereuenden, sich selbst überwindenden und verschenkenden Liebe. Hosea ist ihr großer Prophet.

Das Buch Jeremia

Manche Gedanken Hoseas klingen in der Botschaft Jeremias nach. Besonders deutlich ist dies aus dem

Selbstgespräch Gottes herauszuhören, das Jeremia nach dem Untergang des Nordreichs dem klagenden Volk übermittelt:

„Ist mir denn Efraim ein so teurer Sohn oder mein Lieblingskind? Denn sooft ich ihm auch Vorwürfe mache, muß ich doch immer wieder an ihn denken. Deshalb schlägt mein Herz für ihn, erbarmen muß ich mich seiner, erbarmen" (Jer 31,20; vgl. Hos 11,1–9).

Vom Umsturz des Herzens, vom Auflodern des Mitleids und vom Erglühen des Zorns ist hier nicht die Rede. Der Ton ist verhalten, aber die Spannungen der Liebe dringen doch durch. Gott selbst scheint sich zu wundern, daß er seinen Sohn so liebt, wie er ihn liebt. Er fühlt sich gedrängt, ihn mit Vorwürfen von sich zu weisen. Und doch kommt er nicht von ihm los. In seinem Herzen wallt Leidenschaft für ihn auf. Über den Willen, ihn zu verstoßen, siegt sein Erbarmen.

Dennoch klagt Gott im Buch Jeremia über die Beleidigungen, die ihm sein Volk zufügt (z.B. Jer 7,18; 8,19; 25,6.7; 32,29–32; 44,3; vgl. 11,17). Aber er fragt auch, ob die Menschen, die ihn beleidigen wollen, wirklich ihm weh tun und nicht vielmehr sich selbst (Jer 7,19). Diese Frage macht wohl vor allem auf den Zusammenhang von menschlicher Schuld und menschlichem Schmerz aufmerksam. Es ist zu vermuten, daß sie auch Gleichsetzungen des menschlichen und des göttlichen Schmerzes zurückweisen soll. Aber sie kann sich nicht gegen Jeremias Grundannahme richten, daß Gott auf seine Weise unter den Sünden seines Volkes zu leiden hat.

Viele Klagen Gottes scheinen ein solches Leiden vorauszusetzen, auch wenn sie dies nicht direkt aussprechen. Dies gilt z. B. von den Reden, in denen Gott auf die Liebe der Brautzeit Israels und seine spätere Treulosigkeit und Verwerfung hinweist (Jer 2,1 – 6,30). Ähnliches gilt von der Klage Gottes über sein Tun, das sich gegen das Volk seiner Liebe richten muß: „Ich verlasse mein Haus, ich verstoße mein Erbteil. Meinen Herzensliebling gebe ich preis in die Hand seiner Feinde" (Jer 12,7). Gewichtig ist auch der Gottesspruch, den Jeremia seinem Schüler Baruch übermittelt. Dieser hatte gesagt: „Weh mir! Denn Jahwe häuft noch Kummer auf mein Leid. Ich bin erschöpft vor Stöhnen. Ich finde keine Ruhe." Die Antwort Gottes lautet: „Was ich gebaut habe, breche ich nieder, und was ich gepflanzt habe, reiße ich aus ... Und du begehrst Großes für dich? Begehre es nicht!" (Jer 45,3–5). Gott redet hier nicht von seinen Empfindungen. Er sagt, was er tut. Aber wenn der Mensch in seinem Schmerz dies bedenkt, ahnt er wohl, daß es für Gott schmerzlich ist, das vernichten zu müssen, was er gebaut und gepflanzt hat.

Wo es um bestimmte Unheilsereignisse der Vergangenheit oder der Zukunft geht, scheut Jeremia aber nicht davor zurück, Gott Mitleid, Schonung, Erbarmen, Nachsicht und Reue abzusprechen. So verflucht er den Tag seiner Geburt und wünscht, er möge den Städten gleichen, die Jahwe ohne Mitleid zerstört hat (Jer 20,16). Im Hinblick auf das nahe Ende Jerusalems läßt er Gott sagen, keine Schonung, kein Mitleid und kein Erbarmen hielten ihn ab, die Bewohner der Stadt zu vernichten (Jer 13,14); er werde seine Hand gegen sie ausstrecken und sie zerstören, er sei der Nachsicht müde geworden (Jer 15,6). In einem anderen Gottesspruch heißt es, daß Gott keine Reue zeige und seinen Unheilsplan nicht zurücknehme, selbst wenn die Erde verdorre und der Himmel in Finsternis sinke (Jer 4,28).

Diese Texte sagen nicht, daß Gott beim Anblick von Katastrophen keinen Schmerz empfinde. Aber Jeremia scheint an die Menschen zu denken, die meinen, Gott werde in jedem Fall, insbesondere aber gegenüber Israel, ihren Vorstellungen von einem mitleidenden Gott entsprechen und das Schlimmste verhindern. Solchen Versuchen, das Handeln Gottes von einem bestimmten Begriff seines Schmerzes her berechenbar zu machen, muß der Prophet entgegentreten.

Er bezeugt ja auch mehr als alle anderen Propheten Israels, wie tief er persönlich vom Schmerz getroffen ist. Verzweifelt schreit er: „O mein Leib, mein Leib! Ich winde mich vor Schmerz. O meines Herzens Wände! Mein Herz tobt in mir; ich kann nicht schweigen" (Jer 4,19). Aber er darf nicht mehr für sein Volk um Erbarmen bitten. Gott verbietet es ihm (Jer 7,16; 11,14; 14,11; 15,1–2). Schwerer Kummer macht sein Herz krank. Er fühlt sich völlig gebrochen, von Trauer und Entsetzen gepackt (Jer 8,18.21). Einsam und von Groll erfüllt fragt er Gott:

„Warum dauert mein Leiden ewig und ist meine Wunde so bösartig, daß sie nicht heilen will? Wie ein versiegelter Bach bist du mir geworden, ein unzuverlässiges Wasser" (Jer 15,18). Vor Gott ist er wie ein Narr, der an einem ausgetrockneten Flußbett auf Wasser hofft, das niemals kommen wird. Er fühlt sich von ihm getäuscht und betrogen. Einsam, unverstanden, verlacht und verhöhnt (vgl. Jer 20,7), ist er der Prophet des Schmerzes. In seinem Schmerz tritt aber auch etwas vom verborgenen Schmerz Gottes zutage.

In späteren Texten des Buches Jeremia, die, wie man annimmt, von Bearbeitern der Botschaft des Propheten beigefügt wurden, wird gesagt, Gott könne das Unheil, das er Menschen zugedacht und angedroht habe, wegen ihrer Bekehrung wieder bereuen (Jer 26,3.13.19). An einer Stelle gesteht Gott sogar offen: „Ich bereue das Unheil, das ich euch angetan habe" (Jer 42,10). Dies besagt sicher nicht, daß er das von ihm selbst geplante Strafgericht über Jerusalem nachträglich als etwas Böses bedauert, das er nicht hätte tun sollen. Aber deutet der Satz nicht auch auf den Schmerz hin, den Gott angesichts der Katastrophe empfindet und der ihn bewegt, seinem Volk neu seine Liebe zu zeigen?

Das Buch Jeremia enthält sogar etwas wie ein theologisches Grundsatzurteil über die Reue Gottes. Es betrifft ebenso sein Verhalten zu Israel wie sein Verhalten zu allen anderen Völkern. Gott sagt zwar nur von Israel, es sei in seiner Hand wie der Ton in der Hand des Töpfers (Jer 18,6). Aber für die anderen Völker gilt dies natürlich auch. Daher ist der Gottespruch in einer allgemein gültigen Form abgefaßt: „Bald drohe ich einem Volk oder einem Reich, es auszureißen, niederzureißen und zu vernichten. Kehrt aber das Volk, dem ich gedroht habe, um von seinem bösen Tun, so reut mich das Unheil, das ich ihm zugedacht hatte. Bald sage ich einem Volk oder einem Reich zu, es aufzubauen und einzupflanzen. Tut es aber dann, was mir mißfällt, und hört es nicht auf meine Stimme, so reut mich das Gute, das ich ihm zugesagt habe" (Jer 18,7–10).

In diesem Text, der höchstwahrscheinlich zur späteren Bearbeitung des Buches Jeremia gehört, wird also festgestellt, daß die Reue über das angedrohte Unheil und die Reue über das zugesagte Gute sich in Gott völlig entsprechen. Die Vorstellung, daß er seine Drohungen und Verheißungen ohne Rücksicht auf das Verhalten der von ihm geschaffenen Völker ausführe, wird abgewiesen. Mehr noch: Den Völkern wird die Fähigkeit zugesprochen, durch ihre Umkehr oder ihren Abfall Gott zur Reue und zur Veränderung seiner Absichten zu bewegen. Ein Vorrang der Heilszusagen zeichnet sich nicht ab, wenn man ihn nicht in der Tatsache erkennen will, daß an erster Stelle von der Reue über das angedrohte Unheil gesprochen wird. Auf jeden Fall sind die Zusagen ebenso widerrufbar wie die Drohungen. Man muß beinahe den Eindruck gewinnen, Gott wolle nicht selbst über Heil und Unheil der Völker entscheiden, sondern passe sich völlig ihren eigenen Entscheidungen an. In einem solchen Vorstellungsfeld scheint das Wort „Reue" nur noch auf einen oberflächlichen Schmerz Gottes hindeuten zu können.

Wer dem Text gerecht werden will, wird aber auch zu verstehen suchen, worum es dem Verfasser letztlich geht. Es ist zu vermuten, daß er vor allem die Menschlichkeit und Verständlichkeit des Verhaltens Gottes herausstellen möchte. Er kann nicht die Absicht haben, Gott einer Verhaltensordnung zu unterwerfen. Denn er versucht ja zu zeigen, daß Gott auch gegenüber seinen eigenen Ankündigungen frei bleibt. Aber er will Gott auch als den Schöpfer verstehen, der nicht in selbstherrlicher Willkür seine Entscheidungen trifft, sondern sich in gewisser Weise von seinen Geschöpfen abhängig macht.

So wird irgendwie verständlich, daß er in seiner Freiheit von der Umkehr und dem Abfall der freien Menschen bewegt und sogar umgestimmt werden kann. Das Rätsel des Zusammengehens der göttlichen und der menschlichen Freiheit wird freilich nicht aufgelöst.

Das Buch Ezechiel

Die Parallelisierung der beiden Arten der Reue Gottes im Buch Jeremia hängt wohl mit der Botschaft Ezechiels zusammen. Auch er sagt ja, der Gerechte, der seine Gerechtigkeit aufgebe, müsse sterben, der Schuldige aber, der sich bekehre, werde am Leben bleiben (Ez 18,26–28; 33,18–19). Aber im Buch Ezechiel tritt die Reue Gottes überhaupt nicht hervor. Ein Gottesspruch über Jerusalem lautet: „Ich habe kein Mitleid, es reut mich nicht. Nach deinem Verhalten und deinen Taten will ich dich richten" (Ez 24,14). Im Hinblick auf den Wüstenzug Israels sagt Gott zwar, daß seine Augen Mitleid gezeigt haben (Ez 20,17). Aber in den Gerichtsreden kündet er an: „Mein Auge wird kein Mitleid zeigen, und ich werde keine Schonung üben" (Ez 5,11; vgl. 7,4.9; 8,18). Das bedeutet nicht, daß die Leiden seines Volkes ihn überhaupt nicht berühren. Doch muß sein Volk wissen, daß sein Tun und sein Lassen ernst genommen werden. Es muß seine Warnung annehmen: „Dein Verhalten lasse ich auf dich zurückfallen, und deine Greueltaten sollen sich in deiner Mitte auswirken" (Ez 7,4.9).

Über ein schmerzliches Ringen im Innern Gottes spricht Ezechiel nicht. Er setzt gewiß voraus, daß Gott über das Verhalten seines Volkes, das er wie eine Braut ausgestattet hat (Ez 16,6–14), tief enttäuscht ist. Aber er geht nicht darauf ein. Doch beklagt sich Gott an einigen Stellen des Buches Ezechiel, daß die Glieder seines Volkes ihn durch ihr Verhalten ärgern, beleidigen und zum Zorn reizen (Ez 8,17; 16,26; 16,42.43).

Das Buch Jesaja

Im umfangreichen Buch Jesaja, das prophetische Reden aus verschiedenen Zeiten und Räumen enthält, wird wenig über den Schmerz Gottes gesprochen. Aber die Fragen, die das Buch im Blick darauf hervorruft, haben Gewicht.

Der erste Teil verbindet echte Worte des Propheten Jesaja mit späteren Zusätzen. Hier ist alles von der Begegnung mit dem hocherhabenen, heiligen, herrlichen Gott bestimmt (vgl. z.B. Jes 2,12–21; 5,16; 6,1–13). Dieser Gott richtet die Völker gerecht (Jes 13 – 23), aber das Herz aller Menschen verzagt (Jes 13,7). Auch das Herz des Sehers schreit auf und jammert (Jes 15,5; 16,11). Er wird von Wehen gequält wie eine gebärende Frau (vgl. Jes 21,3). Beim Anblick der Trümmer verschwindet alle Freude, und aller Jubel verläßt die Erde (Jes 24,11). Dennoch geht die Hoffnung nicht unter. Gott wird ja zuletzt auf dem Berg Zion für alle Völker ein Festmahl geben. Er wird die Decke zerreißen, die alle Völker bedeckt. Er wird den Tod für immer vernichten und die Tränen von jedem Gesicht abwischen (Jes 25,6–8).

Es scheint, daß man in einem solchen Erschauern vor dem Walten des Richters und Retters kaum auf die Frage eingehen kann, wie er am Schmerz seiner Welt teilnimmt. Aus den Reden Gottes läßt sich wohl etwas von seiner Enttäuschung heraushören. Gott klagt ja wie ein Vater, dem seine Söhne den Rücken gekehrt haben (Jes 1,2–4), wie ein Liebender, dessen Geliebte zur Hure geworden ist (Jes 1,21), wie ein Winzer, der in seinem liebevoll gepflegten Weinberg nur saure Beeren findet (Jes 5,1–7). Er beschwert sich über die Festtage seines Volkes, die ihm in der Seele verhaßt und eine ermüdende, unerträgliche Last sind (vgl. Jes 1,14). Dem Haus Davids wird von Jesaja ebenfalls vorgeworfen, daß es seinen Gott ermüde (Jes 7,13). Von einem tiefer dringenden Schmerz Gottes ist jedoch nicht die Rede.

Im zweiten Teil des Buches herrscht eine andere Stimmung. Das Volk lebt im Exil. Gott ist sein Tröster. Er offenbart sich als der Einzige, der wirklich Gott ist, als der Erste und der Letzte (Jes 44,6; 48,12), als der Unvergleichliche (vgl. Jes 40,18.25; 44,7; 46,5), der allein den Himmel ausgespannt und die Erde gegründet hat (Jes 44,24; 51,13).

Die Rede vom Ermüden Gottes wird nun – anders als im ersten Teil – nicht mehr gebraucht. Der ewige Gott, der alles erschafft, wird ja nicht müde und matt, sondern gibt dem Müden Kraft und dem Ohnmächtigen Stärke (Jes 40,28–29). Er ist es auch, der den Rest des Hauses Israel getragen hat und weiterhin tragen wird (Jes 46,3–4). Nur einmal beklagt er sich, daß sein Volk ihn mit seinen üblen Taten geplagt habe (Jes 43,24). Er vergleicht sich auch mit einer in Wehen liegenden Mutter: „Ich hatte sehr lange geschwiegen, ich war still und hielt mich zurück. Wie eine Gebärende will ich nun schreien, ich schnaube und schnaufe“ (Jes 42,14). Das besagt nicht, daß er gequält wird. Es geht ja darum, den Wechsel von der früheren Erfahrung des Schweigens Gottes zur Erfahrung seines überschwenglichen Tröstens darzustellen. Aber setzt dieses Trösten in Gott vielleicht doch etwas wie Geburtswehen voraus?

Gott offenbart sich ja im zweiten Teil des Buches Jesaja nicht nur als der Bildner des Lichts und der Urheber des Friedens. Er erklärt auch, daß er die Finsternis und das Unheil erschaffe (Jes 45,7). Eine solche Erklärung nimmt jedem denkenden Menschen den Atem. Denn: Wer ist dieser alles erschaffende Gott? Wie kann er mit seinem Erschaffen nicht nur die lichten und friedlichen Bereiche seiner Welt, sondern auch Katastrophen und Massenvernichtungen umgreifen und erfüllen? Darf ein Mensch dies auch nur von ferne zu denken wagen?

Der Prophet, den man heute Deuterojesaja (zweiter Jesaja) nennt, wagt es. Muß sein Gott aber nicht auch als der Gott gedacht werden, der die mit der Finsternis und dem Unheil verbundenen Schmerzen annimmt? Gehören das Erschaffen und das Erleiden des Übels nicht zusammen? Ist der alles erschaffende Gott nicht auch der Gott aller Schmerzen?

Solche Fragen werden von Deuterojesaja angeregt, aber nicht ausgesprochen. Nur der Vorwurf, Gott habe Zion vergessen, wird abgelehnt. Denn wie eine Mutter ihr Kind nicht vergessen kann, so kann auch Gott Zion nicht vergessen. Und selbst wenn eine Mutter es könnte: er könnte es nie. Er hat Zion in seine Hände eingeschrieben und seine Mauern immer vor Augen (vgl. Jes 49,14–16). Bedeutet dies nicht auch, daß er sich den Schmerz der Menschen, die er liebt, zu Herzen nimmt und sich irgendwie aneignet?

Es gibt keinen Text, der dies ausdrücklich sagt.

Das vierte Lied vom Knecht Gottes will aber unerhört Neues offenbaren. Denn dieser Knecht setzt, obwohl ganz abstoßend, viele Völker in Staunen und macht Könige sprachlos (vgl. Jes 52,13–15). Er ist ein edler Mensch, aber völlig entstellt, ein Mann der Schmerzen und Krankheiten. Keine Schönheit und keine Gestalt ist an ihm. Denn er wird gefoltert, zermalmt, durchbohrt, zu Tod getroffen, wie ein Lamm geschlachtet. Bei Verbrechern erhält er sein Grab. Dennoch findet Gott an ihm Gefallen. Sein Knecht tut ja kein Unrecht und sagt kein falsches Wort. Ohne seinen Mund aufzutun, vertritt er die Stelle der anderen und leidet für sie. Er lädt die Verbrechen seines Volkes auf sich, tritt geduldig für die Schuldigen ein, läßt sich für sie bestrafen, übernimmt ihre Schmerzen und Krankheiten und gibt sein Leben als Sühnopfer hin. So werden sie durch seine Wunden geheilt und durch seine Gerechtigkeit gerecht gemacht. Aber auch er wird gerettet, erblickt das Licht neu und erhält seinen Anteil unter den Großen und Mächtigen (vgl. Jes 52,13 – 53,12).

Die Schmerzen des Knechtes Gottes sind menschliche, vergängliche Schmerzen. Aber kann ein Mann der Schmerzen wirklich der Knecht Gottes sein, wenn Gott jeden Schmerz von sich abstoßen muß? Läßt Gott seinen geliebten Knecht solche Schmerzen erleiden, ohne von ihnen berührt zu werden? Muß Gott die Schmerzen seines Knechtes nicht miterleiden, um sein Herr sein zu können? Wie wollte Gott ohne Schmerzen vor dem Menschen bestehen, der als sein Knecht und als Stellvertreter der anderen die Schmerzen für sie erträgt?

Ausdrückliche Hinweise auf den Schmerz Gottes finden sich im dritten Teil des Buches Jesaja. Dort wird daran erinnert, daß die Söhne Gottes, die er in seiner Liebe und seinem Mitleid erlöst, errettet und getragen hatte, dennoch seinen heiligen Geist kränkten (Jes 63,9–10a). Eine solche Ausdrucksweise deutet auf einen ernsten Schmerz. Es scheint auch, daß der heilige Geist Gottes an dieser Stelle nicht als eine von Gott verschiedene Lebenskraft, sondern als das heilige Innere Gottes, als sein heiliges Sinnen und Wollen zu denken ist. Wie tief die Kränkung geht, zeigt der folgende Satz: „Da wandelte er sich und wurde ihr Feind, ja, er führte Krieg gegen sie" (Jes 63,10b).

Mit den gleichen Worten wie im Buch Jeremia (Jer 31,20) wird von der leidenschaftlichen Erregung im Herzen Gottes und seinem Erbarmen gesprochen (Jes 63,15). Gott wirft seinem Volk auch vor, daß es ihn ärgere und wie Rauch und Feuer in seiner Nase sei (Jes 65,3–5). Aber der Schmerz Gottes ist auch im dritten Teil des Buches Jesaja kein Thema, bei dem zu verweilen ist. Die Hoffnung richtet sich zuletzt auf das Vergessen und Verschwinden aller früheren Nöte (vgl. Jes 65,16), auf den mütterlichen Trost Gottes (vgl. Jes 66,13), auf den neuen Himmel und die neue Erde und auf die Freude, die kein Ende mehr nehmen wird (vgl. Jes 65,17–19; 66,22).

Das Buch Joel

Im Buch Joel wird nur an einer Stelle vom Schmerz Gottes gesprochen. Diese Stelle ist in zweifacher Hinsicht beachtenswert.

Denn Joel bekennt sich nicht nur überlieferungsgemäß zu Jahwe als dem gnädigen, barmherzigen, langmütigen und huldreichen Gott (vgl. Ex 34,6; Ps 86,15; 103,8). In seiner Sicht ist Gott auch als der erwiesen, der das Unheil bereut (Joel 2,13). Was der Prophet damit meint, ist aus dem Zusammenhang zu erschließen. Wahrscheinlich dies: Gott ist auch dann nicht am Ende, wenn der Reichtum seiner Güte erschöpft ist und das Unheil seinen Lauf nehmen muß. Denn er läßt sich das Unheil zuweilen so leid sein, daß er seinen Zorn zurücknimmt und es aufhebt.

Es wäre jedoch Vermessenheit, die alle Erwartungen übertreffende Reue Gottes nach Menschenmaß berechnen zu wollen. Darum wird diese Reue auch denen, die zu Gott umkehren und ihre Herzen zerreißen (vgl. V. 12), nicht fest versprochen. Es bleibt ungewiß, ob sie eintritt. Der Prophet darf von Gott nur sagen: „Vielleicht kehrt er um, und es reut ihn" (V. 14). Dies bedeutet: Es gibt in Gott keine berechenbaren Zwänge. In gewisser Weise antwortet Gott zwar mit seiner Reue auf die Reue der Menschen. Aber er nimmt den Menschen ihre Freiheit nicht. Und er bewahrt seine eigene, ewige Freiheit.

Das Buch Jona

Der Verfasser des Buches Jona legt dem König von Ninive kühn die gleichen Worte über die Reue Gottes in den Mund, die Joel gebraucht: „Vielleicht kehrt er um, und es reut ihn" (Jona 3,9). Wie Joel muß auch Jona bekennen, daß Jahwe ein gnädiger, barmherziger, langmütiger, huldreicher und das Unheil bereuender Gott ist (Jona 4,2). In den Büchern Joel und Jona zeigt sich also dieselbe Hoffnung. Gegen alle Hoffnung richtet sie sich auf den Gott, der durch seine Reue gewissermaßen sich selbst überwinden und das angedrohte oder verhängte Unheil aufheben kann.

Aber zwischen den beiden Büchern gibt es einen bedeutenden Unterschied. Der Verfasser des Buches Jona wagt Unerhörtes. Er läßt sogar Ninive, die Vertreterin der himmelschreienden Bosheit der Heiden (vgl. Jona 1,2), am Geheimnis der Reue Gottes teilnehmen. Nach seiner Erzählung sieht Gott, daß die Stadt Ninive umkehrt und sich von ihren bösen Taten abwendet. Da reut ihn das Unheil, und er führt seine Drohung nicht aus. Jona ist entsetzt. Er will nicht mehr leben. Als der Rizinusstrauch verdorrt, den Gott für ihn hatte wachsen lassen, damit er ihm Schatten spende, wünscht er sich den Tod. In seinem Schmerz ahnt er nichts vom Schmerz Gottes. Da fordert Gott ihn durch eine Frage heraus: Kann es sein, daß Jona wegen eines Rizinusstrauches leidet, für den er nichts getan hat, Gott aber nicht leidet wegen Ninive, der großen Stadt, in der mehr als hundertzwanzigtausend Menschen, die nicht einmal rechts und links unterscheiden können, und auch so viele Tiere leben (Jona 3,10 bis 4,11)?

Die Frage steht am Ende des Buches Jona. Sie fragt nach dem Schmerz des einen Gottes, der Himmel und Erde, Menschen und Tiere erschaffen hat. Das Verschweigen der Antwort ist beredt. Es bewahrt das Geheimnis.

3. Das Zeugnis der Psalmen

Der Schmerz Gottes ist kein Thema der Psalmen. Weder die Loblieder noch die Klagelieder lassen sich darauf ein.

In den Lobliedern jubeln die Gerechten vor Gottes Antlitz und jauchzen vor Freude (Ps 68,4). In ihrer Hochstimmung können sie kaum dem leidenden Gott begegnen. Ihr Gott ist der Höchste (Ps 47,3), der Heilige (Ps 99,3.5.9), der starke und gewaltige König der Herrlichkeit (Ps 24,8). Er ist auch der Gott, der selbst in seinem Zorn seinen Schmerz nicht erkennen läßt, sondern die Könige der Erde, die sich gegen ihn zusammenrotten, verlacht und verspottet (Ps 2,2–5). Von ihm erwarten die Beter freilich auch, daß er die gebrochenen Herzen heilt und die schmerzenden Wunden verbindet (Ps 147,3). Er soll den Gerechten Glück, Heil, Freude und Frieden schenken (Ps 16,2; 18,2; 43,4; 65,6; 147,14). Wenn sie ihm entgegengehen, soll ihr Klagen in Tanzen verwandelt werden (Ps 30,12). Ihr Gesicht will strahlen, und sie wollen im Licht Gottes das Licht schauen (Ps 34,6; 36,10). Wie könnten sie dem Schmerz Gottes nachsinnen und gleichzeitig den Himmel, die Erde, das Meer, die Ströme, die Täler, die Fluren und die Bäume zum Jubeln auffordern (Ps 65,14; 96,11–12; 98,7–8)?

Aber auch in den Klageliedern achten die Beter kaum auf den Schmerz Gottes. Sie erleben das dunkle Geheimnis des Schmerzes als Menschen. Freilich setzen sie alles daran, um die Kluft zwischen Gott und ihrem Schmerz durch ihre Klagen zu überbrücken. Daher fragen sie Gott, warum er schlafe (Ps 44,24), warum er sie verlassen habe (Ps 22,2), warum er in Zeiten der Not so fern bleibe und sich verhülle (Ps 10,1). Sie wollen von ihm wissen, wie lange er sie noch vergesse, wie lange sie ihre Schmerzen noch aushalten müßten (Ps 6,4; 13,2–3), ob er sie denn auf ewig verstoßen und ihnen niemals mehr gnädig sein werde (Ps 77,8). Auch werfen sie ihm vor, daß er ihnen nicht antworte, obwohl sie Tag und Nacht zu ihm schrieen (Ps 22,3), und daß er sie verkauft, wie Schlachtvieh preisgegeben, am Ort der Schakale zerschlagen und mit Finsternis zugedeckt habe (Ps 44,12.13.20). In ihrem Schmerz flehen sie ihn an: Wach doch auf (Ps 7,7; 35,23)! Vernimm mein Schreien (Ps 5,3; 39,13)! Wende dich nicht ab (Ps 28,1)! Verlaß mich nicht (Ps 38,22)! Schweig doch nicht (Ps 35,22; 39,13; 44,24; 109,1)! Hilf doch (Ps 12,2)! Richte uns wieder auf! Laß dein Angesicht leuchten, dann ist uns geholfen (Ps 80.4.8.20)!

An einigen Stellen zeigt sich jedoch, daß die Psalmisten ihren Schmerz nicht nur als menschliche Empfindung, sondern in gewisser Weise auch als Fügung Gottes verstehen. So klagt ein Beter, die Pfeile Gottes hätten ihn getroffen und seine Hand laste schwer auf ihm (Ps 38,3). Von einem anderen wird die Plage, die Gott ihm zugefügt hat und wieder wegnehmen soll, als Plage Gottes bezeichnet (Ps 39,10–11; vgl. 88,16–17). Er bittet Gott sogar, er solle sich abwenden, damit er, der Leidende, wieder heiter aufblicken könne (Ps 39,14). Ähnliche Ausdrucksweisen finden sich im Buch Ijob (z.B. 6,4; 10,16; 14,6; 16,13; 19,6–11) und in den biblischen Klageliedern, die nicht unter die Psalmen eingereiht worden sind (Klgl 1,5.13; 2,2; 3,1–13). Aber der Gedanke, daß es nicht nur Schmerzen Gottes gibt, die er Menschen erleiden läßt, sondern auch solche, die er selbst frei erleidet, bricht in diesem Kontext nicht durch.

Es gibt nur wenige, beiläufige Andeutungen. Ein Psalmist läßt Gott sagen, er habe wegen seines Volkes, das ihn in der Wüste versucht habe, vierzig Jahre lang Ekel empfunden (Ps 95,10). Andere erzählen, die Israeliten hätten Gott gereizt, gekränkt und mit ihren schändlichen Taten erbittert (Ps 78,40.41.58; 106,29). Auch das Wort, das an einer Stelle den Unmut Gottes bezeichnet (Ps 85,5), enthält etwas von einer schmerzhaften Enttäuschung. Außerdem lassen sich drei Hinweise auf das Mitleid Gottes (Ps 90,13; 106,45; 135,14) als Andeutungen eines Schmerzes Gottes verstehen, weil das gleiche Wort gebraucht wird, das in anderen biblischen Büchern die Reue Gottes (vgl. Ps 110,4) bezeichnet.

Im ganzen gilt: Die Aufrufe der Psalmisten, dem Gott der Freude in Lobliedern zuzujubeln, sind unüberhörbar. Aber kein Loblied sagt, im Leben Gottes könne es keinen Schmerz geben. Es wird allerdings auch kein Klagelied über den Schmerz Gottes angestimmt. Nur mit äußerster Scheu wird einiges davon angedeutet. Es scheint, daß diese Scheu auch auf die christliche Kirche, die den Psalmen so viel verdankt, tief eingewirkt hat.

4. Das Zeugnis der Evangelien

Was die Evangelien vom Schmerz Gottes bezeugen, ist fast ganz in ihrer Darstellung des Leidens und Sterbens Jesu verborgen. Denn nie wird in ihnen geradeheraus gesagt, daß Gott Schmerzen erleide. Selbst Andeutungen nach dieser Richtung sind kaum vernehmbar. Im Lobgesang des Zacharias wird zwar – wörtlich – von den „Eingeweiden des Erbarmens unseres Gottes" gesprochen (Lk 1,78). Aber deutet diese Sprechweise an, daß es im Erbarmen Gottes wie in dem der Menschen Regungen des Schmerzes gibt? Und wie verhält es sich mit der Güte des Vaters, von dem Jesus erzählt? Er läßt seine Sonne über Bösen und Guten aufgehen (Mt

5,45). Tut er es, weil die Bosheit der Bösen ihn nicht kränkt, oder tut er es, obwohl sie ihn kränkt? Die Vögel des Himmels ernährt er, und er kleidet das Gras des Feldes (Mt 6,30). Ohne ihn fällt kein Spatz zu Boden (Mt 10,29). Alle Kopfhaare werden von ihm gezählt (Mt 10,30). Kann der Gott, der sich so liebevoll um das Kleinste kümmert, jeden Schmerz von sich fernhalten?

Solche Fragen fehlen in den Evangelien. Jesus sagt nicht, sein Vater sei ein leidender Gott. Er schließt es auch nicht aus. Er schweigt. Aber die Evangelien sehen in ihm den schweigenden Knecht Gottes, von dem es im zweiten Teil des Buches Jesaja heißt: Er hat unsere Krankheiten getragen und unsere Schmerzen auf sich geladen (Jes 53,4; vgl. Mt 8,17). Mehr noch: Jesus wird in den Evangelien von Gott als sein geliebter Sohn anerkannt, an dem er sein Gefallen hat (Mk 1,11; vgl. 9,7). Er kümmert sich um die Kranken, wie es kein Prophet getan hat, und die Kranken werden scharenweise zu ihm gebracht (Mk 1,32; 2,17). Er weint (Lk 19,41; vgl. Joh 11,35) und preist die Weinenden selig (Lk 6,21). Sein von innerem Schmerz erfülltes Erbarmen wird besonders hervorgehoben (Mk 1,41; 6,34; 8,2). Er hebt es auch selbst in den Gleichnisgestalten des Samariters und des Vaters des verlorenen Sohnes hervor, mit denen er sich wohl in gewisser Weise eins weiß (Lk 10,33; 15,20). Aber er leidet nicht nur mit den Leidenden, er leidet auch in ihnen. Daher wird alles, was den Hungrigen, Durstigen, Fremden, Obdachlosen, Nackten, Kranken und Gefangenen zur Linderung ihrer Leiden getan oder nicht getan wird, ihm selbst getan oder nicht getan (Mt 25,31–46).

Sein eigenes Leiden, Sterben und Auferstehen versteht Jesus als ein Geschehen, das von Gottes Fügung her notwendig ist (Mk 8,31; Lk 24,26). Er erkennt, daß die Hingabe seines Leibes und das Vergießen seines Blutes – des Bundesblutes – vielen Menschen das Heil bringt (Mk 14,24; Lk 22,19). Von Todesangst ergriffen, bittet er seinen Vater um die Wegnahme des Bechers der Schmerzen. Aber er unterwirft zugleich sein Wollen ganz dem Wollen des Vaters (Mk 14,36). Und der Vater will seinen Schmerz. Der Sohn, der ihn freiwillig annimmt, steigt bis in seinen tiefsten Abgrund hinab. Hier erfährt er die Abwesenheit Gottes. Mit den Worten eines Psalmisten nennt er seinen Vater seinen Gott und fragt ihn, warum er ihn verlassen habe (Mk 15,34; vgl. Ps 22,2).

Ist dies nicht der Schmerz aller Schmerzen? Gott ist, wie der Psalmist sagt, dem Schreien und Klagen des Leidenden fern. Er antwortet auf keinen Hilferuf (vgl. Ps 22,2–3). Er ist nicht da. Niemand ist da, der hilft. Nur die Not ist nahe (vgl. Ps 22,12). Der Mensch, dem das Dasein Gottes entzogen ist, wird zum Wurm (vgl. Ps 22,7). Der Unterschied zwischen dem Schmerz der Menschen und dem der Tiere schwindet in seinem Schmerz fast dahin. Aber der Unterschied zwischen dem Schöpfer und dem Geschöpf wird ganz aufgerissen. Und der Unterschied zwischen dem Vater und dem Sohn. Das Geschöpf erleidet den Schöpfer. Der Sohn erleidet den Vater. Muß Gott aber dort, wo sein innerweltliches Nichtdasein so erlitten wird, nicht auf seine Weise als der Abwesende da sein? Ist dieser Schmerz nicht ein ganz auf Gott selbst bezogener, ganz von Gott selbst zugefügter, ganz in Gott selbst verweilender Schmerz? Kann er anders als in der Liebe erlitten werden?

Die Evangelien fordern das Fragen nach dem Schmerz Gottes noch weit mehr heraus, als es schon das Lied vom leidenden Knecht Gottes im zweiten Teil des Buches Jesaja tun konnte. Der Sohn Gottes verdankt ja sein irdisches Leben dem Heiligen Geist (vgl. Mt 1,18.20; Lk 1,35). Er steht über den Engeln des Himmels (vgl. Mk 13,32; Mt 24,36). Wer er ist, weiß nur der Vater (Lk 10,22). Der Vater und der Sohn und der Heilige Geist gehören in der Einheit des einen, alle Getauften aufnehmenden und erfüllenden Namens zusammen (vgl. Mt 28,19). Wie kläglich uneins, wie unwahr und beschränkt wäre also die Liebe Gottes, wenn der Vater und der Heilige Geist am Schmerz des Sohnes nicht teilnehmen könnten!

Im Johannesevangelium wird dies ganz offenkundig. Es stellt ja Jesus schon im ersten Satz als das Wort vor, das im Anfang nicht nur bei Gott, sondern auch Gott war (Joh 1,1). Und Jesus sagt in diesem Evangelium: „Ich und der Vater sind eins ... Wer mich gesehen hat, hat den Vater gesehen“ (Joh 10,30; 14,9). Daraus ergibt sich: Der Sohn, dessen Liebe sich am Kreuz vollendet hat (vgl. Joh 13,1;

19,30), offenbart unüberbietbar, wie Gott liebt. Er liebt die Welt so sehr, daß er seinen einzigen Sohn hingibt (Joh 3,16). Diese Hingabe läßt den Sohn nicht nur Fleisch werden, sondern liefert ihn auch der Kreuzigung aus (vgl. Joh 19,16). Kann sie im Vater, der dies alles weiß, ganz leidensunfähig sein? Er liebt den Sohn ja gerade deshalb, weil er sein Leben, das ihm niemand entreißen kann, in voller Freiheit hingibt (vgl. Joh 10,17–18). So offenbart sich der Sohn in seinem Leiden und Sterben als das Lamm Gottes, das die Sünde der Welt wegnimmt (Joh 1,29; vgl. Jes 53,7). Er ist aber auch der gute Hirt, der sein Leben für die Schafe hingibt (Joh 10,11). Wer gläubig sieht, wie der Hirt und das Lamm leidend und sterbend lieben, erblickt auch den Vater, der hingebend am Leiden und Sterben des Sohnes teilnimmt.

Der Sohn sagt im Johannesevangelium nur wenig von seinem Schmerz. Aber er sagt es mit den Worten eines in Todesnot klagenden Psalmisten: „Meine Seele ist tief verstört" (Joh 12,27; vgl. Ps 6,4). Doch ruft er nicht um Hilfe. Er bittet den Vater: „Verherrliche deinen Namen" (Joh 12,28). Denn er weiß, daß der Name des Vaters durch sein Todesleiden verherrlicht wird. Nach seiner Kreuzigung und Auferstehung läßt er sich von seinem gläubig gewordenen Jünger Thomas als Herr und Gott ansprechen (Joh 20,28). So zeigt der Evangelist zum Schluß noch einmal, daß den Gläubigen durch das Leiden Jesu das Leiden Gottes endgültig bezeugt wird.

5. Das Zeugnis der Briefe

In den Briefen des Neuen Testaments wird beschrieben, was Gott durch die Sendung seines Sohnes und seines Geistes für das Heil der Welt in Liebe getan hat, tut und tun wird. Mitten in diesem Tun begegnet stets das Leiden. Es ist nicht der Anfang und nicht das Ende. Aber es gehört zur Liebe. Der Vater läßt den Sohn, in dem sein Geist lebt, den Weg des Leidens bis zum Kreuz gehen und zu neuem Leben auferstehen. So versteht auch die Kirche, daß die ganze Schöpfung die Offenbarung Gottes hören und auf dem Leidensweg seines Sohnes in der Kraft des Heiligen Geistes dem Heil entgegengehen darf.

In diesem Sinn verkündet Paulus: Gott hat den eigenen Sohn nicht verschont, sondern für uns alle hingegeben (Röm 8,32). Er hat ihn in der Gestalt des Fleisches der Sünde gesandt (Röm 8,3) und dazu bestimmt, mit seinem Blut Sühne zu leisten (Röm 3,25). Wie sehr er uns liebt, zeigt sich besonders darin, daß sein Sohn für uns starb, als wir noch Sünder waren (Röm 5,8). So sind wir mit Gott versöhnt durch den Tod seines Sohnes (Röm 5,10), und nichts kann uns scheiden von der Liebe Gottes, die in Christus Jesus ist (Röm 8,38). Die ganze Schöpfung aber seufzt und liegt in Geburtswehen, bis die kommende Herrlichkeit ganz offenbar sein wird. Und auch die Gläubigen, die schon als Erstlingsgabe den Geist haben, seufzen und warten auf die Erlösung des Leibes (vgl. Röm 8,18–23).

Christus, der Gekreuzigte, den Juden ein Ärgernis und den Heiden eine Torheit, ist für die Berufenen Gottes Kraft und Gottes Weisheit (1 Kor 1,23–24). Er ist einfachhin das Bild Gottes (2 Kor 4,4; vgl. Kol 1,15). Hätten die Herrscher dieser Weltzeit das Geheimnis der Weisheit Gottes erkannt, so hätten sie den Herrn der Herrlichkeit nicht gekreuzigt (1 Kor 2,8).

Ein Christuslied, das Paulus zitiert und mit Zusätzen versieht, besingt die Selbstentäußerung des Sohnes Gottes. Sie führt dazu, daß er, der in der Lebensform Gottes war, die Lebensform eines Sklaven annimmt und gehorsam den Kreuzestod erleidet (Phil 2,6–8). Im Christuslied des Kolosserbriefs wird das Einwohnen der ganzen Fülle im Sohn Gottes gerühmt, der durch sein Kreuzesblut Frieden gestiftet hat (Kol 1,19–20; vgl. Eph 2,13–15).

Diese Äußerungen verbinden Gott mehr oder weniger eng mit dem Todesleiden seines Sohnes. Setzen sie kein Mitleiden Gottes voraus? Kann Gott lieben, ohne angesichts seines leidenden Sohnes auf seine Weise zu leiden? Der Epheserbrief deutet die Selbsthingabe Jesu als ein Opfer, das Gott gefällt (Eph 5,2). Darf man dies annehmen und Gott zugleich über alles Leiden erheben? Wenn die Mahnung, den Heiligen Geist Gottes nicht zu beleidigen (Eph 4,30; vgl. Jes 63,10), gelten soll, muß man in jedem Fall eine gewisse Leidensfähigkeit Gottes voraussetzen.

Im ersten Petrusbrief trägt Jesus Christus die

Züge des leidenden Knechtes Gottes (1 Petr 2,22–25; vgl. Jes 52, 11 – 53,12). Er ist das Lamm ohne Fehl und Makel. Durch sein Blut, heißt es, wurden die Menschen aus ihrer sinnlosen Lebensweise freigekauft, wie es schon vor der Erschaffung der Welt vorgesehen war (1 Petr 1,18–20). Unsere Sünden trug er selbst in seinem Leib auf das Holz hinauf, damit wir, den Sünden sterbend, der Gerechtigkeit lebten (1 Petr 2,24). Er ist der Gerechte, der für die Ungerechten litt, um sie zu Gott hinzuführen (1 Petr 3,18).

Der Leidende, auf den der Verfasser blickt, heißt „Christus" (1 Petr 1,11; 2,21; 3,18; 4,1.13; 5,1). Er wird nie „Sohn Gottes" oder „der Sohn" genannt. Aber es wird vorausgesetzt, daß der „Geist Christi", der in den Propheten wirkte, die über Christus kommenden Leiden und die darauf folgende Herrlichkeit schon im voraus bezeugte (1 Petr 1,11). Auch erscheint der auferstandene Christus hoch über den Engeln, Gewalten und Mächten zur Rechten Gottes im Himmel (1 Petr 3,22).

Der Leser kann also fragen, ob im Leiden Christi nicht auch etwas vom Leiden Gottes offenbar wird. Nichts weist jedoch darauf hin, daß dies eine Frage des Verfassers ist. In seiner Sicht geschah das Leiden und Sterben Christi im „Fleisch" (1 Petr 3,18; 4,1). Über ein Leiden im Bereich des lebendigmachenden Geistes und Gottes spricht er nicht (vgl. 1 Petr 3,18; 4,6). Er ruft die Gläubigen auf, sich über ihren Anteil an den Leiden Christi zu freuen (1 Petr 4,13). Der Gedanke, daß in der Freude Gottes vielleicht etwas wie Leiden verborgen sein könnte, kommt jedoch nicht zum Vorschein.

Anders verhält es sich im Hebräerbrief. Hier zeigt sich, daß Gott durch Jesus, seinen Sohn, tief in das Leiden einbezogen wird. Denn der Sohn erstrahlt als Abglanz der Herrlichkeit und Abbild des Wesens Gottes (Hebr 1,3; vgl. Weish 7,25–26). Aus Psalmtexten wird sogar entnommen: Gott selbst hat seinen Sohn als Gott angeredet und als den Herrn, der den Grund der Erde gelegt hat, dessen Werk die Himmel sind, der derselbe bleibt, der er ist, und dessen Jahre nie enden werden (Hebr 1,8–12; vgl. Ps 45,7; 102,26 – 28). Daß Jesus den Tod für jeden Menschen schmeckte, wird (nach der besser bezeugten Lesart) der Gnade Gottes zugeschrieben (Hebr 2,9). Es gilt auch als angemessen, daß Gott ihn, den Urheber des Heils vieler Söhne, durch Leiden vollendete (Hebr 2,10). Dem entspricht die Erklärung, Christus habe, obwohl er Sohn war, aus dem, was er litt, den Gehorsam gelernt und sei als der Vollendete allen, die ihm gehorchen, der Urheber ewigen Heils geworden (Hebr 5,8–9). Außerdem wird auf das Wirken des ewigen Geistes bei der Selbstopferung Christi hingewiesen (Hebr 9,14). Kein Satz sagt, daß Gott leide. Aber das Zusammenwirken des Vaters, des Sohnes und des Geistes Gottes im heilbringenden Leiden ist deutlich erkennbar.

Die Botschaft des ersten Johannesbriefs lautet zunächst: „Gott ist Licht, und keine Finsternis ist in ihm" (1 Joh 1,5; vgl. Jak 1,17). Bedeutet dies auch, daß seine Freude durch keinen Schmerz getrübt werden kann? Durchaus nicht. Die Mitte der Botschaft wird ja von dem Satz beherrscht: „Gott ist die Liebe" (1 Joh 4,8.16). Muß das Licht, das Gott ist, nicht auf die Liebe hin, von der Liebe her und in der Liebe betrachtet werden? Die Liebe, die Gott ist, wird uns aber dadurch offenbart, daß er uns seinen Sohn als Sühne für unsere Sünden gesandt hat (1 Joh 4,8.10). In der Hingabe seines Lebens erkennen wir die Liebe (1 Joh 3,16). Er ist im Blut gekommen. Und der dies bezeugt, ist der Geist. Denn der Geist ist die Wahrheit (1 Joh 5,6). Am Ende des Briefes wird, wie es scheint, von Jesus Christus, dem Sohn Gottes, gesagt: „Er ist der wahre Gott und das ewige Leben" (1 Joh 5,20). Daraus ergibt sich, daß sein Schmerz der Schmerz Gottes ist.

6. Das Zeugnis der Offenbarung des Johannes

Kein Buch des Neuen Testaments ist so sehr wie die Offenbarung des Johannes ein Buch der Schmerzen. Eine Schale des Zornes Gottes, über das Meer ausgegossen, genügt ja schon, um alle darin lebenden Tiere zu töten (Offb 16,3). Das Ausgießen einer anderen Zornschale läßt die Menschen verbrennen (Offb 16,9). Wer nicht im Buch des Lebens aufgezeichnet ist, wird in den Feuersee geworfen (Offb 20,15). Dort endet auch der Teufel, der große Verführer und Ankläger der Menschen, und wird Tag und Nacht gequält bis in alle Ewigkeit (Offb 20,10; vgl. 12,10).

Wie verhält sich Gott zu den Schmerzen, die in seiner Welt von den Tieren, von den Menschen und vom Teufel erlitten werden? Gott ist das Alpha und das Omega, der Heilige, der ist und der war und der kommt (Offb 1,4.8; 4,8; 21,6), der Herr, der alles erschaffen hat und beherrscht (Offb 1,8; 4,8.11; 11,17). Alle Engel jubeln über seine Herrlichkeit, Weisheit und Kraft (Offb 7,12). Seine Wege und Urteile werden als gerecht und wahr betrachtet (Offb 15,3; 16,7; 19,2). Mehrmals wird auch erklärt, daß die Lebewesen, die zum Schaden und Quälen gesandt werden, aufgrund von Befehlen und Ermächtigungen handeln (Offb 6,4.8; 7,2; 9,5). Das bedeutet: Die Leiden der Endzeit kommen nicht gleichsam von außen in die von Gott erschaffene und beherrschte Welt. Sie gehören zu seinem Richten und Strafen (vgl. Offb 14,7; 18,20; 19,2.15), aber auch zu seinem Heilen und Retten (vgl. Offb 6,9; 7,14; 12,14; 14,12–13). Von der Möglichkeit, daß Gott das Unheil der Endzeit aus Mitleid bereut und abwendet, wird nichts gesagt.

Aber im Blick auf Jesus Christus erwacht die Frage nach dem Schmerz Gottes. Er wird ja eingeführt als der Zeuge, der treu ist, als der Erstgeborene der Toten, als der Liebende, der uns durch sein Blut von unseren Sünden befreit hat, als der mit den Wolken Kommende, den alle sehen werden, auch jene, die ihn durchbohrt haben, und der das Klagen aller Völker hervorrufen wird (Offb 1,5.7; vgl. Sach 12,10). Was heißt das? Leidet und stirbt nur der treue Zeuge? Kann der Gott, der doch sein

Vater ist (Offb 1,6), an seinem Leiden und Sterben nicht teilnehmen? Denkwürdig ist die Selbstvorstellung des treuen Zeugen. Er scheut sich nicht, wie Gott selbst im zweiten Teil des Buches Jesaja auszurufen:

„Ich bin der Erste und der Letzte" (Jes 44,6; 48,12). Dann fügt er hinzu: „Und der Lebendige, aber ich war tot, doch siehe: ich bin lebendig" (Offb 1,17–18; vgl. 2,8). Führt diese Selbstvorstellung nicht das Leiden und Sterben in das unbedingte und vollendete Leben Gottes hinein? Natürlich sagt Johannes nicht, Gott, der Lebendige, sei gestorben und wieder lebendig geworden. Aber er lenkt das Denken in diese Richtung. Jesus Christus sagt ja: „Ich bin", wie Gott selbst es tut (vgl. Offb 1,8; 21,6), und bezeichnet sich ohne Einschränkung als den Ersten und Letzten. Im Nachtrag des Buches stellt er sich sogar wie Gott selbst vor: „Ich bin das Alpha und das Omega, der Erste und der Letzte, der Anfang und das Ende" (Offb 22,13; vgl. 1,8; 21,6).

Er gehört zu Gott als das Lamm, das geschlachtet wurde und ihm mit seinem Blut viele Menschen aus allen Völkern erworben hat (Offb 5,6.9). Alle Geschöpfe im Himmel, auf der Erde und unter der Erde bestätigen feierlich, daß Gott und dem Lamm Lob, Ehre, Herrlichkeit und Kraft gebühren (Offb 5,13). Die Geretteten singen: „Die Rettung kommt von unserem Gott, der auf dem Thron sitzt, und dem Lamm" (Offb 7,10). Sie kommen aus schwerer Bedrängnis. Aber sie haben ihre Gewänder gewaschen und im Blut – im Leiden und Sterben – des

Lammes weiß werden lassen. Sie dürfen sich freuen, weil sich alles für sie wenden wird. Das Lamm wird sie weiden und zu den Quellen führen, aus denen das Wasser des Lebens strömt. Hunger, Durst und glühende Hitze wird es nicht mehr geben. Gott wird alle Tränen von ihren Augen abwischen (vgl. Offb 7,14–17). Im neuen Himmel und auf der neuen Erde kann kein Tod, keine Trauer, keine Klage und keine Mühe mehr sein (Offb 21,1.4).

Der Seher Johannes zeigt also den Schmerz in der Welt Gottes in seiner ganzen Schrecklichkeit. Er weiß, daß die Menschen deswegen den Gott des Himmels verfluchen (Offb 16,9.11.21). Aber er erblickt im Himmel das Lamm, das geschlachtet wurde. Etwas vom verhüllten Schmerz Gottes scheint sich ihm zu enthüllen. Er gibt den Gläubigen zu verstehen: Alle Schmerzen, die sie in dieser Welt erleiden, werden vergehen. Die Welt wird neu. Aber das geschlachtete Lamm gehört ewig zum Geheimnis des lebendigen Gottes.

III
Vom Schmerz Gottes in der geistlich ausgelegten Offenbarung

Wir haben einige Schritte im Land des Schmerzes getan. Danach sind wir auf das biblische Reden und Schweigen vom Schmerz Gottes eingegangen. Nun ist zu fragen: Gibt es für uns nur menschliche Reden über den Schmerz Gottes? Wie verhält es sich mit diesem Schmerz selbst? Offenbart uns Gott etwas davon? Gibt er uns seinen Geist, damit wir seine Offenbarung in seinem Sinn verstehen und auslegen können?

Beim Gang durch das Land des Schmerzes hat sich vielleicht gezeigt: Je höher die Liebe im Leben steigt, je mehr sie sich allem zuwendet und so zu sich selbst gelangt, desto mehr nehmen nicht nur ihre Freuden, sondern auch ihre Schmerzen zu. Kein Zweifel: Die Schmerzen unserer Welt sind in vielen Hinsichten schlecht und müssen durch Beseitigung ihrer Ursachen verringert werden. Aber es ist gut, daß die Liebe den Übeln nicht mit Freuden, sondern mit Schmerzen begegnet. Der Aufstieg der Liebe kann in dieser üblen Welt nicht ohne Abstieg in die Tiefen des Schmerzes gelingen.

Etwas von solchen Erfahrungen mag in die mythischen Reden vom Lieben, Sterben und Auferstehen der Götter eingegangen sein. In entgegengesetzter Weise bestätigen dies vielleicht auch die Denker, die ihren Gott von jedem Schmerz freihalten wollen. Denn je konsequenter sie denken, desto mehr müssen sie ihn unserer Welt entrücken und in seiner Selbstliebe gewissermaßen gefangensetzen.

Die Bibel ruft uns oft auf, Gott mit Freuden entgegenzugehen. Sie enthält jedoch keinen Satz, der alle Arten von Schmerz aus der Freude Gottes entfernt. In weiten Räumen gibt sie freilich auch nicht den leisesten Hinweis auf den Schmerz Gottes. Große Propheten und Sänger kommen ohne solche Hinweise aus. Selbst in den Klageliedern wird auf sie verzichtet. Wir hören nur, daß Gott die Menschen nicht frohen Herzens plagt und betrübt (Klgl 3,33). Der Dichter der Dialoge des Buches Ijob wendet sich unerhört eindringlich dem Menschen zu, der schuldlos an seinem Gott leiden muß. Aber Gottes eigenes Leiden scheint jenseits seiner Erwägungen zu liegen. Die Lehrer der Weisheit zeigen kaum Interesse an diesem Thema. Selbst Jesus schweigt. Auch in den Schriften der Urkirche, die dem Leiden Jesu eine so hohe Bedeutung zumißt, wird das Wort „Gott" fast nie mit Worten des Schmerzes verbunden.

Solches Schweigen gibt zu denken. Es muß beim Hören der biblischen Reden stets mitgehört werden. Wo dies geschieht, ist aber auch zu staunen. Denn Gott tritt an manchen Stellen der Bibel wie ein Mensch auf, der sein Verhalten bereut, der sich durch das sittliche Versagen der Menschen beleidigen, kränken und erbittern läßt und dem die Schmerzen der Menschen und Tiere weh tun. Beim Gedanken, sein Volk endgültig von sich stoßen zu müssen, dreht sich ihm das Herz um. Sein Mitleiden entbrennt wie Feuer. Die Propheten Hosea und Jeremia, besonders aber der Knecht Gottes im zweiten Teil des Buches Jesaja, müssen am eigenen Leib darstellen, wie die von Gott bewegte Liebe an dieser Welt leidet. In der Begegnung mit dem Leiden Jesu zeigt sich zuletzt, daß in seinem Leiden irgendwie auch das Leiden Gottes zutage tritt. Der Gott, der die Liebe ist, nimmt ja mit seinem Geist am Leiden Jesu teil. Denn Jesus ist in der Bibel Gottes Sohn, Gottes Bild, Gottes Abglanz, Gottes Fleisch gewordenes Wort. Er ist der wahre Gott, das Alpha und das Omega, der Erste und der Letzte, der Anfang und das Ende.

1. Geschichte und Geist Gottes

Man kann diese biblischen Reden vom Schmerz Gottes ausschließlich als menschliche Reden verstehen und in allgemein verständlicher Weise geschichtlich auslegen. Auf die Frage, ob Gott darin etwas von seinem Schmerz offenbart, wird dann nicht eingegangen. Denn das Ganze, in dem sich eine solche Auslegung bewegt, ist die Geschichte. Die Gottesfrage bleibt offen. Die Geschichte wird irgendwie als Geflecht von Geschehensabläufen verstanden, die durch sinngebende menschliche Reden gedeutet und miteinander verbunden werden. Dabei ist viel Geist aufzubieten: etwas vom Geist der einzelnen Ausleger, vom Geist bestimmter Bewegungen und Gruppen, vom Geist der Wissenschaften und Weltanschauungen, vom Geist der ganzen menschlichen Gesellschaft, vielleicht auch etwas vom Weltgeist, der die Zeiten und Räume der Geschichte durchfluten mag.

So lassen sich auch die vielgestaltigen biblischen Reden vom Schmerz Gottes in eine einzige Rede zusammenfassen. Man kann etwa sagen: In der Bibel wird Gott als der Liebende und die Liebe dargestellt, als der Vater, der durch den Sohn und den Heiligen Geist Freude ausstrahlt, aber auf seine Weise auch leidet. Diese Rede ist geschichtlich. Wieweit sie mit dem, was geschehen ist, übereinstimmt, läßt sich an den Texten nachweisen. Um ihr zustimmen zu können, braucht man keinen Glauben. Der Geist Gottes wird nicht in sie einbezogen.

Aber ohne diesen Geist können Menschen, die an den einen Gott glauben, auf die Frage seines Schmerzes nicht abschließend antworten. Denn „was Gottes ist, erkennt nur der Geist Gottes" (1 Kor 2,11). Kein Geschöpf kann ihn herbeizwingen und über ihn nach eigenem Ermessen verfügen. „Er weht, wo er will" (Joh 3,8). Auch wo man nicht um sein Kommen bittet, mag er manchmal wehen. Vielleicht weht er aber oft nicht, wo man ihn beschwört und sich auf ihn beruft. Ohne sein Wehen fehlt jedoch der menschlichen Rede vom Schmerz Gottes der Ernst. Denn diese Rede überwindet die stets aufsteigenden Zweifel nicht, ist vielen Bedingungen unterworfen und auf das allgemein Verständliche beschränkt. Was in den biblischen Reden vom Schmerz Gottes verborgen ist, offenbart Gott nur dort, wo sein Geist weht. Nur in der Freiheit dieses Geistes (vgl. 2 Kor 3,17) geht die geschichtliche Auslegung der Bibel in die geistliche Auslegung der Offenbarung über.

Mit den Mitteln der allen Menschen zugänglichen Vernunft läßt sich diese geistliche Auslegung aber nicht herstellen. Auch kann kein Mensch sie sich selbst oder anderen Menschen aufzwingen. Sie geht nur in dem Maß vor, in dem der Geist Gottes in uns seine Frucht bringt: Liebe, Freude, Friede, Großmut, Freundlichkeit, Güte, Vertrauen, Sanftmut, Beherrschung (Gal 5,22–23). Auf das Zeugnis des Geistes Gottes hin können wir glauben, hoffen und lieben. Wir begegnen im Buch der Schöpfung und in der Bibel dem Gott, der sich selbst offenbart. Wir finden uns in der Gemeinschaft der „Kirche Gottes“ (1 Kor 1,2; 2 Kor 1,1; Apg 20,28) zusammen. Denn der Geist Gottes, der sich uns mitteilt, läßt uns nicht als zerstreute Einzelne umherirren. Wo er weht, stiftet er Gemeinschaft (vgl. Phil 2,1; 2 Kor 13,13). Er liebt die Einheit, die viele Einzelne durch das Band des Friedens zusammenhält (vgl. Eph 4,3). Das Verhältnis des Geistes Gottes zur Kirche ist also ähnlich wie das Verhältnis unseres Geistes zu unserem Leib. Der Geist Gottes ist ja auch der Geist seines Sohnes (vgl. Gal 4,4–6), und der Leib dieses Sohnes, der als Mensch in die Welt einging, ist für die Gläubigen die Kirche (Kol 1,18; Eph 1,23). Der „eine Leib und der eine Geist" gehören zusammen (Eph 4,4).

Kein Mensch darf aber gezwungen werden, durch die Taufe in dem einen Geist in den einen Leib des Herrn einzugehen (vgl. 1 Kor 12,13). Wer jedoch in Freiheit dieses Eingehen ablehnt, kann auch den Leib des Herrn nicht als geistliche Speise in sich eingehen lassen (vgl. 1 Kor 10,3.16). Die geistliche Auslegung der Offenbarung Gottes mag ihm daher – wenn sein Geist nicht dennoch in ihm weht – wie eine Wolke von Wahnvorstellungen und Wunschträumen erscheinen. Sie löst sich außerhalb des Geistleibes der Kirche ja tatsächlich auf. Denn nur im Zusammenhang dieses Geistleibes kann die Kirche als die Auslegerin anerkannt werden, welche die Kraft des Heiligen Geistes empfängt und von seiner Liebe durchströmt wird (vgl. Apg 1,8; Röm 5,5; 15,30). Aber die Kirche kreist dabei nicht um sich selbst. Sie betrachtet sich nicht als Quelle der Wahrheit und läuft nicht eingebildeten Gütern entgegen. Der Geist Gottes bewegt sie in seinem eigenen Ganzen. Alle ihre Teilauslegungen schwingen darin, empfangen von ihm ihr Maß und werden ihm angemessen.

2. *Das Geheimnis des Ganzen*

Gläubige Christen können also wissen, *daß* die Offenbarung Gottes, die durch sein Wort ergeht, im Ganzen seines Geistes auszulegen ist. *Was* dieses Ganze ist, werden sie aber nicht in der Weise des Wissens erkennen. Wir sind ja auch nicht in der Lage, das Ganze, das wir „Geschichte" nennen, mit den Mitteln unseres Sagens vollständig zu bestimmen. Auch dieses Ganze entzieht sich uns fortwährend, während wir es zu begreifen suchen. Viel mehr – ja in ganz anderer Weise – versagt aber unser Sagen dort, wo das Geheimnis des Ganzen den Menschen offenbart wird, die es in der Neuheit und Freiheit des Geistes gläubig empfangen (vgl. Röm 7,6; 2 Kor 3,17).

Einige von diesen Menschen mögen einem wissenden Erkennen des Ganzen nahekommen. Vielleicht werden sie wie Paulus ins Paradies entrückt. Vielleicht vernehmen sie Worte, die Menschen nicht sagen können (vgl. 2 Kor 12,4). Aber im gewöhnlichen Leben geschieht solches nicht. Dennoch müssen wir im Blick auf das Ganze nicht auf alles Sagen verzichten. Wir können ja wenigstens umrißhaft erkennen, was es *nicht* ist.

Das Ganze ist natürlich kein Entwurf der Geschichte der Welt, den wir ausarbeiten können, ohne die Frage des Seins Gottes bejahen zu müsen. Aber es kann auch kein von der Geschichte der Welt völlig abgelöster Gottesbegriff sein. Die Kirche bekennt zwar, daß Gott auf seine Weise alles (vgl. Sir 43,27) und gegenüber der Geschichte der Welt völlig frei ist. Aber sie kann die Offenbarung nicht in einem geschichts- und weltlosen Alles-Sein Gottes geistlich verstehen und auslegen. Denn sie müßte dann annehmen, Gott habe sich in einem ersten Moment seiner Ewigkeit mit seinem Alles-Sein begnügt und sich erst in einem zweiten Moment zum Geschehenlassen der Welt entschlossen. Alle menschlichen Versuche, in jenen ersten Moment hineinzugelangen, müßten aber an der Ewigkeit Gottes scheitern, die über die zeitliche Abfolge solcher Momente erhaben ist. Außerdem gingen solche Versuche an der biblischen Offenbarung vorbei. Denn diese kennt kein von der Geschichte der Welt abgelöstes Sein Gottes. Der Gott der Bibel ist stets der Gott, der sich die Geschichte der Welt zu Herzen nimmt.

Es ist aber auch nicht denkbar, daß das Ganze Gott und die Geschichte der Welt wie zwei Teile enthält. Denn Gott ist kein Teil, und die Geschichte der Welt ist es auch nicht. Die Seinsweise des Ganzen läßt sich also nicht verallgemeinern. Sie ist keine allgemeine Art, die in vielen Individuen als die gleiche gegenwärtig sein könnte. Daher ist sie auf keinen Fall mit der Weise gleichzusetzen, in der Pflanzen, Tiere, Menschen, Staaten oder auch das Universum jeweils ein Ganzes sind. Das Ganze, in dem sich die geistliche Auslegung der Offenbarung bewegt, kann keinem anderen Ganzen gleich sein. Eine gewisse Ähnlichkeit gibt es wohl, aber die Unähnlichkeit ist unermeßlich viel größer.

Es ist daher einzusehen, daß die Kirche das Ganze nicht wissend erfassen kann. Sie nimmt es an als Geheimnis des Glaubens. Aber sie wird immer wieder von der Frage bedrängt, ob es nicht unmöglich sei, Gott und die Geschichte der Welt als ein Ganzes zu denken. Sind wir denn nicht gezwungen, entweder das Ganze, das Gott ist, und das andere Ganze, das die Geschichte der Welt ist, anzunehmen und nur äußerlich miteinander zu verbinden oder in Gedanken dadurch ein Ganzes herzustellen, daß wir Gott als die Geschichte der Welt und die Geschichte der Welt als Gott zu begreifen suchen?

In ihrer Anfechtung kommt der Kirche die Erinnerung an Jesus zu Hilfe. Sie glaubt an ihn, wie sie an Gott glaubt (vgl. Joh 14,1). Der Vater im Himmel hat ihr offenbart, daß er der Messias, der Sohn des lebendigen Gottes ist (vgl. Mt 16,16–17). Der Heilige Geist läßt sie erkennen und bekennen: „Herr ist Jesus" (1 Kor 12,3). Nur wo der Geist wirkt, begegnet ihr Jesus als der Herr. Nur wo ihr der Herr begegnet, wirkt der Geist. So darf sie sich das kühne Pauluswort zu eigen machen: „Der Herr ist der Geist" (2 Kor 3,17). Sie achtet aber auch immer neu auf das Ganze des Geistes, in dem sich der Herr auf dieser Erde verstehend und auslegend bewegte.

Das Ganze in den synoptischen Evangelien

Schon der Name, mit dem Jesus auf das Ganze hindeutete, gibt der Kirche zu denken. Jesus hätte ja wohl Namen wie Leben, Bund, Gerechtigkeit, Heil,

Herrlichkeit, Friede gebrauchen können. Aber er zog den Doppelnamen „Reich Gottes" (Mk 1,15) den anderen Namen vor.

Warum nannte er aber das Ganze nicht „Gott"? Warum übernahm er den Doppelnamen „Reich Gottes", der sich in der Glaubensgeschichte Israels herausgebildet und nach dem Exil eine gewisse Bedeutung erlangt hatte (vgl. 1 Chr 29,11; Tob 13,2; Ps 145,11–13)? Vielleicht deshalb, weil der Doppelname das Wunder anzeigt, daß der Vater Jesu die Geschichte der Welt beherrscht und zum Ziel führt, aber zugleich in unermeßlich inniger Weise zu ihr gehören, sie sich aneignen, mit ihr sein und sich auf sie einlassen will? Die Kirche kennt noch nicht alle Antworten auf solche Fragen. Aber sie entdeckt in der Botschaft Jesu vom Reich Gottes wohl immer mehr Hinweise auf das Geheimnis des Ganzen. Sie glaubt, daß es ihr als „das Geheimnis des Reiches Gottes" gegeben ist (vgl. Mk 4,11). Es geht ihr immer mehr auf, daß es verborgen sein muß, wie ein im Acker vergrabener Schatz, den ein Mensch nur findet, wenn Gott es fügt, und nur dann erwerben kann, wenn er vor Freude alles verkauft, was er hat (vgl. Mt 13,44). Wie das Reich Gottes gehört ja auch das Ganze nur den Menschen, die aller Habe ledig und im Geist arm sind (Mt 5,3). Für die Reichen, die von ihrem Besitz geblendet und gefesselt werden, ist es unermeßlich schwer, in das Reich Gottes einzugehen (vgl. Mk 10,23). Den Menschen, die nicht umkehren und vor Gott nicht wie die Kinder sein wollen, wird es überhaupt nie gelingen (vgl. Mt 18,3). Die Kirche glaubt, daß dies auch für das Ganze ihres geistlichen Verstehens und Auslegens gilt. Ihr Bitten um das Kommen des Reiches Gottes (vgl. Mt 6,10) hält ja ihr ganzes Bitten zusammen. Es geht ihr auch immer neu auf, daß das Reich Gottes das Eine ist, das sie immer zu suchen hat, und daß ihr, wenn sie sich ihm ganz zuwendet, alles andere hinzugegeben wird. Die in ihr aufsteigende Furcht überwindet sie, weil es dem Vater gefallen hat, ihr das Reich als das Ganze zu geben (vgl. Lk 12,31–32). Freilich findet sie dieses Ganze nie wie einen Teil, von dem man sagen kann, er sei hier oder dort (vgl. Lk 17,21).

Wie Musik aus der Mitte des Ganzen erklingt ihr alles, was Jesus zu seinem Vater und von seinem allgegenwärtigen Walten sagte. Sie staunt, wie er mit dem einen Wort „Vater" die Kluft zwischen dem „Herrn des Himmels und der Erde" und der Geschichte der Welt übersprang (vgl. Mt 11,25). Sie läßt es sich auch zu Herzen gehen, daß der Vater in der Botschaft des Sohnes der Vollkommene ist, der im Verborgenen lebt, das Verborgene sieht und im Verborgenen ohne Wortschwall angeredet werden will. Er ist für sie der Vater, der das Gras, das heute auf dem Feld steht und morgen ins Feuer geworfen wird, prächtig kleidet; der die Vögel des Himmels ernährt und so für sie sorgt, daß kein Spatz ohne seine Zustimmung auf die Erde fällt; der alles weiß, was die Menschen brauchen, und um sie ganz anders als um die Lilien des Feldes und die Vögel des Himmels besorgt ist, wenn sie ihm sorglos vertrauen; der seine Sonne aufgehen läßt über Bösen und Guten und regnen läßt über Gerechten und Ungerechten; der den Menschen ihre Verfehlungen verzeiht, wenn sie auch ihren Mitmenschen verzeihen; der allen Menschen gute Gaben schenkt, die ihn unentwegt darum bitten (vgl. Mt 5,45 – 7,11; 10,29).

Wenn die Kirche dies alles wie die Mutter Jesu in ihrem Herzen bewegt (vgl. Lk 2,19), wird ihr Staunen fortwährend wachsen. Denn es ist einmalig, wie der Vater völlig frei alles beherrscht und sich zugleich dem Verborgenen, Vergänglichen, Versagenden, Verlorenen und auch dem Bösen und Feindlichen mit – wie wir gewiß sagen dürfen – „unendlicher Demut" zuwendet. Wie dieser Vater sich gibt, so wird sein Reich ein Ganzes. Die Unähnlichkeit zwischen seinem Reich und den Reichen, in denen Menschen andere Menschen beherrschen, scheint alles menschliche Ermessen zu übersteigen.

In diesem Zusammenhang versteht die Kirche auch immer besser, was Jesus, der geliebte Sohn seines Vaters, auf den bei der Taufe der Heilige Geist herabkam (vgl. Mk 1,9–11) für die Einigung des Ganzen tat und erlitt. Seine Aufgabe war es ja, die Menschen in Israel auf das nahe gekommene Reich Gottes hin zu versammeln (vgl. Mt 12,30). Er gebot ihnen, ihren Gott mit ihrem ganzen Herzen, ihrer ganzen Seele, ihrem ganzen Denken und ihrer ganzen Kraft zu lieben. Dieses Gebot war ihnen vom täglichen Gebet her geläufig, und doch war der Geist des Ganzen neu, in dem Jesus es verstand und auslegte. Neu wurde dadurch auch das überlieferte Gebot, durch das er jeden Hörer anwies, seinen Nächsten zu lieben wie sich selbst (vgl. Dt 6,5–9; Lev 19,18; Mk 12,28–31; Mt 22,36–40; Lk 10,25–37). Jesus hielt sich ja nicht mehr an die anerkannten Schranken und Teilungen. Er gebot aus eigener Einsicht und Macht seinen Hörern, ihre Feinde zu lieben, um so Söhne ihres Vaters im Himmel zu werden (vgl. Mt 5,44–48).

Damit gab es für die Liebe keine Möglichkeit des Einschränkens und Aufhörens mehr. Sie mußte alles verwandeln. Jesus konnte sich also auch nicht mit dem bloßen Tun der Liebe begnügen. Er sollte und wollte im freien Erleiden der Liebe bis zum Äußersten gehen, im Blick auf das Reich Gottes seinen Leib hingeben und sein Blut als das Blut des Bundes vergießen lassen (vgl. Mk 14,22–25). In der Darstellung des Weltgerichts, die das Matthäusevangelium überliefert, wird die Neuheit des Verstehens und Auslegens der Liebe unerhört kühn. Denn über den Einzug in das seit der Erschaffung der Welt bereitete Reich oder den Absturz in das ewige Feuer entscheidet nach dieser Darstellung weder der Glaube noch eine an den Menschen achtlos vorübergehende Liebe zu Gott. Jesus, der in seiner Herrlichkeit kommende Menschensohn, weiß als König und Richter der Völker, daß die Menschen endgültig nach dem Maß jener Liebe zu beurteilen sind, die sie seinen leidenden Brüdern und damit ihm selbst erwiesen oder nicht erwiesen haben (vgl. Mt 25,31–46).

Dies läßt die Kirche verstehen, daß die Einigung des Ganzen nur in der Liebe gelingen kann, die vom Vater und vom Sohn ausgeht. Gott, der auf seine Weise das Ganze ist, und die nach dem Maß der Liebe gerichtete und gerettete Geschichte der Welt sollen ja das in sich einige Ganze bilden, ohne jemals ins völlig Selbe zusammenzufallen; und die von ihrer Selbstsucht befreiten Menschen sollen in der Einheit der Gottes- und Nächstenliebe zusammenwachsen und doch ganz zu sich selbst kommen. Nach menschlichem Ermessen ist dies unmöglich. Aber die Kirche nimmt das Wort ernst, das Jesus im Blick auf die Rettung der Menschen im Reich Gottes gesprochen hat: „Alles ist möglich bei Gott" (Mk 10,27). Sie glaubt auch, daß alles, was Jesus für die Einigung des Ganzen tat und erlitt, in der Kraft des Heiligen Geistes geschah. Daher ist sie auch überzeugt, daß die Lästerung des Heiligen Geistes, durch die das Ganze als solches verworfen wird, im Unterschied zu allen anderen Vergehen und Lästerungen, in Ewigkeit keine Vergebung findet (vgl. Mk 3,28–29).

Was Jesus nach dem Zeugnis der synoptischen Evangelien vom Ganzen des Reiches Gottes und von der es beherrschenden und durchdringenden Liebe andeutete, kann die Kirche nie als überholbar betrachten. Sie sucht und findet hier in einzigartiger Weise das Ganze, in dem sie als in ihrer Zukunft, Herkunft und Gegenwart leben darf. Aber sie vergißt nicht, daß es um das Ganze des Geistes geht, während die Worte, die es bezeichnen, wechseln können und müssen.

Das Ganze im Johannesevangelium

Das Johannesevangelium gebraucht den Doppelnamen „Reich Gottes" nur noch in dem Gespräch, in dem Jesus dem Pharisäer Nikodemus die Notwendigkeit der Geburt „von oben" oder „aus Wasser und Geist" für das Sehen des Reiches Gottes und das Eingehen in es bezeugt (Joh 3,3.5). Aber die Kirche erkennt das Ganze in dem Geheimnis, auf das die Worte des Johannesevangeliums vom „ewigen Leben" hinweisen (Joh 3,15.16.36; 4,14; 5,24; 6,47.54; 10,28; 12,50; 17,2). Das „ewige Leben" ist ja weder mit Gott noch mit der Vollendung der Geschichte der Welt gleichzusetzen. Es besteht vielmehr darin, daß Menschen den einzigen wahren Gott und Jesus Christus, den er gesandt hat, erkennen (Joh 17,3). Dieses Erkennen ist aber auch ein Lieben, das Gott mit den Menschen, denen es geschenkt wird, – und dadurch auch mit der Vollendung der Geschichte der Welt – einmalig zusammenkommen läßt.

Mit Freude erwägt die Kirche daher alles, was im Johannesevangelium von der Liebe offenbart wird: von der Liebe des Vaters zu seinem Sohn (Joh 3,35; 5,20; 10,17; 15,9; 17,23.26), zu den Freunden seines Sohnes (14,21.23; 16,27; 17,23) und auch zur Welt (3,16); von der Liebe des Sohnes zu seinem Vater (14,31) und seinen Freunden (13,1.34; 14,21;

15,9); von der Liebe, die Freunde des Sohnes ihm und einander schenken und schenken sollen (13,34.35; 14,15.21.23.28; 15,12.17; 16,27); vom Bleiben der Freunde des Sohnes in seiner Liebe (15,9) und vom Bleiben des Sohnes in der Liebe des Vaters (15,10).

Das Johannesevangelium spricht zur Kirche aber auch von dem Geist, der ihr nicht nur in einem Teilgebiet der Wahrheit, sondern in ihrem Ganzen den Weg weist. Er ist ja selbst der Geist der Wahrheit. Die Welt kann ihn nicht empfangen, weil sie ihn nicht kennt und nicht sieht. In den Freunden Jesu aber bleibt er für immer. Er teilt ihnen auch manches von dem mit, was Jesus während seines irdischen Lebens im Schweigen verbarg, weil seine Freunde es noch nicht ertragen konnten. Doch verläßt er dabei den Bereich der Wahrheit nicht, die der Sohn ist. Denn er sagt nichts aus sich selbst, sondern sagt das, was er hört und aus dem Eigenen des Sohnes empfängt. In seinem Zeugnis geht es immer und überall um den Sohn. Der Sohn aber sagt dem Vater: „Alles, was mein ist, ist dein, und was dein ist, ist mein" (Joh 17,10; vgl. 14,6.16.17.26; 15,26; 16,12–15).

Durch solche Offenbarungsworte läßt sich die Kirche in das geistliche Ertasten und Erfahren des Ganzen einweisen. Das Geheimnis des Ganzen ist für sie ja dies: Der Vater und der Sohn verschenken sich ihr Leben gegenseitig ganz und sind eins (vgl. Joh 10,30). Der Geist der Wahrheit ist mitten in diesem Verschenken und bezeugt der Kirche gegen allen falschen Schein, daß es die ganze Geschichte der Welt umgreift und durchdringt.

Das Ganze in den Briefen

Auch in den Paulusbriefen entdeckt die Kirche dasselbe – in anderen Sprechweisen verborgene – Geheimnis. Der Doppelname „Reich Gottes“ ist hier nicht wie in der Botschaft Jesu der Sammelpunkt aller auf das Ganze bezogenen Hinweise. Aber es zeigt sich klar genug: Das Reich Gottes ist kein Erbe, das von Menschen erlangt werden kann, die nur „Fleisch und Blut“ sein wollen, „Werke des Fleisches“ tun und ungerecht handeln (vgl. 1 Kor 6,9–10; 15,50; Gal 5,19–21; Eph 5,5). Es ist „Gerechtigkeit und Friede und Freude im Heiligen Geist“ (Röm 14,17). Daraus ergibt sich, daß es nicht nur das herrliche Ganze der Zukunft ist, in das Gott die Gläubigen ruft (vgl. 1 Thess 2,12). Es ist in gewisser Weise auch das Ganze, in dem die Kirche schon jetzt leben darf: das Ganze der Liebe Gottes, die dadurch erwiesen wurde, daß Christus für uns starb, als wir noch Sünder waren, und nun in unsere Herzen ausgegossen ist durch den uns gegebenen Heiligen Geist (Röm 5,5.8). Das Ganze des Evangeliums, in dem die Gerechtigkeit Gottes aus Glauben zum Glauben offenbart wird (Röm 1,17). Das Ganze der Gnade, das der Sohn Gottes verkörpert, in dem wir Gerechtigkeit Gottes werden dürfen (2 Kor 5,21), durch den wir Frieden haben mit Gott (Röm 5,1) und in dem wir uns allezeit freuen sollen (Phil 4,4). Das Ganze des Geistes, der in uns ruft – in dem aber auch wir rufen –: „Abba, Vater" (Gal 4,6; Röm 8,15).

Bedeutungsvoll ist für die Kirche auch der Hinweis, daß Christus am Ende, nach der Vernichtung aller Macht, Gewalt und Kraft, seine Herrschaft dem Vater übergeben und ihm alles, zuletzt auch sich selbst, unterstellen werde, „damit Gott alles in allem sei" (1 Kor 15,24–28). Denn darin wird erkennbar: Gott will nicht alles allein, auch nicht nur alles über allem, ebensowenig aber ein Teil in allem oder alles in einigen Teilen sein. Vielmehr soll dadurch ein einmaliges Ganzes werden, daß Gott sein Alles-Sein, das nichts anderes braucht, in allem anderen vollbringen will. So braucht sein Alles-Sein doch irgendwie alles andere. Er will ja als das Alles-in-allem-Sein in gewisser Weise auch von allem anderen her leben und sich in alles andere hinein begeben.

Die Kirche wird dieses paradoxe Geschehen nie ganz begreifen. Aber sie versteht, daß das Ganze ohne den Sohn und den Geist Gottes nicht möglich wäre. Der Sohn ist ja der Herr, der alles vermittelt (vgl. 1 Kor 8,6). Durch seine Menschwerdung und sein Sterben am Kreuz gelangte er bis in die untersten Abgründe der Geschichte der Welt. Aber durch seine Auferstehung trat er auch an ihre Spitze (vgl. Phil 2,6–11). Nur so kann er die Herrschaft über alles dem Vater übergeben und ihm, der ihm alles unterstellt hat, seinerseits alles unterstellen. Dies gelingt freilich nur dadurch vollkommen, daß er sich selbst auf seine Weise dem Vater unterstellt. In diesem Unterstellen ist die Liebe gegenwärtig, die nicht prahlt, sich nicht aufbläht und nicht das Eigene sucht (vgl. 1 Kor 13,4–5). Es ist die Liebe des Herrn, der unendlich gehorsam wird. Die Liebe, die durch ihre Selbstpreisgabe das Ganze befreit. Denn „der Herr ist der Geist, und wo der Geist des Herrn wirkt, da ist Freiheit" (2 Kor 3,17).

Die Kirche darf also glauben, daß sie von Gott schon in das Reich aufgenommen wurde, das dem Sohn seiner Liebe gehört (vgl. Kol 1,13), und den Leib des Herrn bilden darf, der das All in sich einigt (vgl. Eph 1,10.22.23). Sie freut sich auch, daß sie den Heiligen Geist als den ersten Anteil ihres zukünftigen Erbes empfangen hat (vgl. Eph 1,13–14). Aber mit all dem gelangt sie nicht dazu, in der Weise des Wissens zu erkennen, was Gott ist. Sein Geheimnis wird vor ihr immer größer. Sie weiß immer besser, was es bedeutet, Gott nicht zu wissen.

Vom ersten Johannesbrief läßt sie sich jedoch als Gemeinschaft des Glaubens das Eine bezeugen, um das alles geht: Gott ist die Liebe, die sich in uns dadurch offenbart, daß er seinen einziggezeugten Sohn in die Welt gesandt hat. Wir aber erkennen, daß wir in Gott bleiben und er in uns bleibt, weil er uns von seinem Geist gegeben hat. Wer also in der Liebe bleibt, bleibt in Gott, und Gott bleibt in ihm (vgl. 1 Joh 4,8–16).

Im Raum des allgemeinen Menschenverstandes kann sich ein solches Erkennen Gottes nicht lange halten. Die Schmerzen, die in der Geschichte der

Welt erlitten werden, scheinen es ja unwiderleglich als falsch zu erweisen. Aber auch die Gemeinschaft des Glaubens begreift nicht, in welcher Weise Gott die Liebe sein kann. Denn es ist nicht die Weise eines zeitlichen Stehens und Gehens. Es ist die Weise der Ewigkeit, die von der Weise der Zeit unendlich verschieden ist. Gott ist für das glaubende Denken die Liebe, die ewig steht und geht. Sie ist ja ewig dieselbe und läßt doch den Vater seinen Sohn zeugen, ihn als seinen Offenbarer in die Geschichte der Welt eingehen und dieser Geschichte seinen Geist mitteilen.

Dies ist das Geheimnis des Ganzen. Gott offenbart, daß er als die dreipersönliche Liebe ganz er selbst ist und doch von Ewigkeit zu Ewigkeit die Geschichte der Welt in sich einbeziehen, sich von ihr angehen lassen und in sie eingehen will. Nur so kann es auch geschehen, daß Menschen in ihm bleiben und er in ihnen bleibt. Ein einpersönlicher Gott könnte niemals die Liebe selbst sein. Er bräuchte zwar, um anderes lieben zu können, etwas wie die Geschichte der Welt. Aber er könnte sie niemals ganz in sich aufnehmen, niemals ganz in ihr wohnen, niemals mit ihr ein Ganzes, die Liebe selbst, werden, ohne aufzuhören, er selbst zu sein. Für die Kirche ist also das Ganze der dreipersönliche Gott seines Reiches, der als die Liebe selbst alles in allem sein wird. Nur in diesem Ganzen darf sie es wagen, von der geschichtlichen Auslegung der Bibel zur geistlichen Auslegung der Offenbarung überzugehen.

3. Der Schmerz in der seligen Liebe Gottes

Wieweit kann aber die Kirche heute sagen, was Gott ihr vom Schmerz in seiner seligen Liebe offenbart? Kreist ihr geistliches Verstehen und Auslegen der Offenbarung nur um sich selbst oder geht es auch auf die Kernfragen der Zeit ein?

Die Leiden unseres Jahrhunderts, die Kriege, die Hungersnöte, die Folterungen, die Konzentrationslager, nicht zuletzt die zum Himmel schreienden Leiden der von Christen getöteten Juden, haben unzähligen Menschen, die einmal an die biblische Offenbarung geglaubt hatten, die Seele verwüstet. Sie vertehen von dem, was die Kirche über den Schmerz in der seligen Liebe Gottes zu sagen hat, kein Wort mehr. Es ist für sie ein Skandal, daß man angesichts der grauenvollen Leiden immer noch Worte wie „Liebe Gottes", „Seligkeit Gottes" auf die Lippen zu nehmen wagt. Daher muß ihnen der Versuch, in der seligen Liebe Gottes auch noch den Schmerz unterzubringen, wie blanker Unsinn, wie zynischer Hohn auf den Schmerz der Menschen erscheinen.

Viele Menschen denken heute auch voll Angst an die Zukunft. Was wird geschehen, wenn die auf unserer Erde angehäuften Atomwaffen explodieren und die Menschen zu Hunderten von Millionen qualvoll zugrunde gehen? Wer wird dann noch wagen, die Offenbarung des Schmerzes in der seligen Liebe Gottes geistlich zu verstehen und auszulegen? Wäre es nicht redlicher, in diesem Bereich das

Suchen nach Worten aufzugeben? Sollte nicht auch die Kirche gestehen, daß ihr die Worte wegbleiben? Hätte sie nicht die Pflicht, die unverständlich gewordenen Worte von der Liebe, der Seligkeit und dem Schmerz Gottes durch Schweigen zu schützen?

Ja, Schweigen tut not. Wo uns die Ohnmacht unseres Sagens nicht bis ins Mark erschüttert und in die Abgründe des Schweigens versinken läßt, kann – wenn kein Wunder geschieht – die Offenbarung des Schmerzes in der seligen Liebe Gottes nicht ankommen. Sie ist ja in ihrem Kern das „Wort des Kreuzes". Wenn sie mitten in einem Redefluß vorgelegt wird, der das Schweigen nicht kennt, muß sie in ihr Gegenteil verkehrt werden. Man sagt dann wohl mit Recht, sie sei ein Skandal, ein Unsinn, ein Hohn (vgl. 1 Kor 1,18–23).

Auch die Kirche kann von dieser Offenbarung nur das sagen, was aus dem Schweigen Gottes geboren, von diesem Schweigen getragen und in dieses Schweigen zurückgenommen wird. Das Wort aus dem Buch Jesaja gilt auch ihr: „Nur in Umkehr und Ruhe liegt eure Rettung, nur Stille und Vertrauen verleihen euch Kraft" (Jes 30,15). Das Ganze, in dem sie von der „Liebe des Geistes" (Röm 15,30; vgl. Kol 1,8) bewegt wird, geht ja über die Reichweite ihres Sagens unendlich hinaus. Sie kann sich nicht auf gewandte und kluge Worte verlassen, sondern nur darauf, daß „Geist und Kraft" sich selbst zeigen (vgl. 1 Kor 2,4; 4,20). Nur in der Liebe „erträgt sie alles, glaubt sie alles, hofft sie alles, hält sie allem stand" (1 Kor 13,7). Auf dem Weg des Glaubens, dem das Schauen versagt ist (vgl. 2 Kor 5,7), darf und muß sie mit immer größerem Staunen fragen: Mein Gott, wer bist Du? Was bist Du als die Liebe, die sich ganz schenkt? Was ist die Seligkeit Deiner Liebe, da doch die ganze Welt unter der Macht des Bösen steht (1 Joh 5,19)? Was mag der Schmerz in Deiner seligen Liebe sein?

Die Antworten auf diese Fragen sind im allgemein zugänglichen Wissen der Menschen nicht zu finden. Auch die Kirche kennt sie in der Art dieses Wissens nicht. Aber das Geheimnis des Ganzen, in dem sie die Bibel geistlich versteht und auslegt, schenkt ihr die Glaubensgewißheit. So läßt sie sich von der Bibel sagen und sagt auch selbst: Der Gott, der die Liebe ist, erleidet in seiner Seligkeit auch seinen Schmerz.

Sie könnte dies nicht sagen, wenn sie sich Gott als ein Wesen vorstellte, das von der Geschichte der Welt so getrennt wäre, wie in unserem Lebensbereich materielle Dinge voneinander getrennt sind. Von einem solchen „Gott" wäre in Wahrheit niemals zu sagen, daß er seinen Schmerz erleide. Aber für die Kirche ist Gott der Vater und der Mensch gewordene, gekreuzigte und auferstandene Sohn und der allen Gläubigen gegebene Heilige Geist; der Gott, der sich nicht nur um sich selbst, sondern immer und überall auch um sein Reich kümmert; der Gott, der als die Liebe selbst alles in allem sein wird.

Von diesem Gott kann die Kirche nie sagen, sein Schmerz sei der gleiche wie der Schmerz der Geschöpfe und auch in der Weise, wie der Schmerz erlitten werde, gebe es zwischen dem Schöpfer und den Geschöpfen keinen Unterschied. Soweit es den Theologen, die das Reden vom Leiden Gottes verurteilten, um dieses Anliegen ging, waren sie durchaus im Recht. Der Schmerz Gottes, der die Liebe selbst ist, darf dem Schmerz der Geschöpfe nicht gleichgesetzt werden.

Wenn die Kirche die biblischen Worte vom Schmerz Gottes in dem Ganzen versteht und auslegt, das Gott mit der Geschichte der Welt bildet, kann sie aber auch nicht gleichzeitig alle Weisen des Schmerzes aus seiner seligen Liebe ausschließen. Sie darf und muß ihm zutrauen, in Freiheit den Schmerz erleiden zu können, den er allein kennt.

Die Kirche schließt aber auch nicht von vornherein die Möglichkeit aus, daß Gott ihr etwas vom Schmerz in seiner seligen Liebe durch die Geschichte der Welt offenbart. Wenn sie bedenkt, daß er selbst es ist, der den Himmel und die Erde durch sein Wort und seinen Geist erschaffen hat, erschafft und erschaffen wird, muß sie es wohl auch erwarten. In der Tat lernen Menschen aller Erdteile seit Jahrtausenden verstehen, daß die Liebe ihre Seligkeit hat, aber auch für den Schmerz offen sein muß. Sie erfahren es täglich selbst. Auch am Verhalten der Tiere können sie es jederzeit ablesen. Daher vermuten sie weithin, daß dies kaum anders sein könne; weder in der Liebe der Tiere noch in der Liebe der Menschen noch – falls sie soweit gehen wollen – in der Liebe übermenschlicher und göttlicher Wesen. Große Denker der Menschheit entwikkelten freilich im Blick auf diese Wesen den Begriff der vollkommenen Seligkeit, die jeden Schmerz ausschließen muß. Sie waren aber zugleich gezwungen, die göttliche Liebe der Seligkeit unterzuordnen und so weit einzuschränken, daß sie von den Übeln der Welt nicht mehr schmerzlich berührt werden konnte. Die meisten Menschen scheinen jedoch überzeugt zu sein, daß die Liebe, obwohl sie ursprünglich selig ist, den Schmerz braucht, um zu sich selbst zu kommen und in der von Elend, Tod und Bosheit erfüllten Geschichte der Welt dasein, sich bewähren und aufs Ganze hin entfalten zu können.

Offenbart Gott also in solchen Erfahrungen schweigend den in einer seligen Liebe verborgenen Schmerz? Es scheint, daß die Kirche diese Frage bejahen darf. Jedenfalls könnte sie nicht in der Liebe bleiben, wenn sie – ähnlich wie der Priester und der Levit im Gleichnis vom barmherzigen Samariter (vgl. Lk 10,31–32) – achtlos an allen Schmerzen vorüberginge, die von Menschen in seliger Liebe erlitten werden. Sie könnte dann auch nicht mit Paulus sagen, daß sie wie eine Trauernde sei, die sich fortwährend freue (vgl. 2 Kor 6,10).

Die Kirche muß trauern. Ein Schwert muß ihre Seele durchdringen (vgl. Lk 2,35). Denn der Sinn, der dem Schmerz in der Geschichte der Welt zukommt, bleibt auch im Ganzen ihres geistlichen Verstehens und Auslegens verhüllt. Sie ahnt zwar, daß der Schmerz der Tiere und Menschen nicht ohne Sinn ist. Soweit wir sehen, gibt es den Schmerz ja nur dort, wo eine Liebe ihr Ziel nicht erreicht und er irgendwie Übel anzeigt, die nicht sein sollten. Dennoch bedrückt der Schmerz die Kirche oft über alles Maß und läßt sie zuweilen wie Paulus am Leben verzweifeln (vgl. 2 Kor 1,8). Denn meistens vertreibt er alle Seligkeit aus der Liebe, die ihm zugrunde liegt. Oft wütet er sinnlos, wo Tiere und Menschen die Übel, die er anzeigt, nicht beseitigen können. Die Kirche kann auf zahllose Fragen, die vom Schmerz der Tiere her auf sie zukommen, nicht antworten, weil sie die Innenseite dieses Schmerzes nicht kennt. Aber vor dem Schmerz der Menschen, mit dem sie innerlich vertraut ist, wird ihre Ratlosigkeit noch größer und wächst ins Unermeßliche.

Der Schmerz weist alle Erklärungsversuche zurück. Denkende Menschen können sich auf die Dauer nicht einreden, ihn ganz in der Geschichte der Welt eingeordnet zu haben. Sein Schwert durchdringt die Seelen und fordert eine Entscheidung: Entweder deuten wir den Schmerz als Erscheinung der Geistlosigkeit des Ganzen oder wir trauen dem Geist des Ganzen zu, den Schmerz in einer uns unbegreiflichen Weise in sich hineinnehmen zu können.

Die Kirche begibt sich ganz entschieden auf diesen Weg. Aber ihr Zutrauen gilt nicht einem namenlosen Geist, der die Geschichte der Welt zusammenhält. Es gilt dem Heiligen Geist, in dem der Vater und der Sohn sich liebend verschenken und mit der Geschichte der Welt ein Ganzes bilden. Je mehr die Kirche bereit ist, in der Kraft des Geistes auf den Schmerz einzugehen und ihn in sich eingehen zu lassen, desto mehr darf sie wohl die Notwendigkeit seines Hineingehörens in das Geheimnis des Ganzen erleiden. Die ewige, unbedingte, unendliche Liebe, die dem Schmerz zugrunde liegt, wird sich ihr verhüllt enthüllen. Aber der Schmerz wird auch die Umrisse des Übels erkennen lassen, das im Widerstand gegen das Ganze, in der Verweigerung der Liebe, in der Sünde der Welt besteht.

In ihrer Trauer darf sich die Kirche aber auch fortwährend freuen. Denn in der Liebe geht ihr Glauben und Hoffen unentwegt auf das Geheimnis des Ganzen. Darin wird offenbar, daß die dreipersönliche Liebe im Verborgenen das vollbringt, was wir Menschen als unmöglich ansehen: die Annahme des Schmerzes Gottes in seiner Seligkeit und die Überwindung des Übels der Welt in seinem Schmerz.

Der Gott, der die ewige, unbedingte, unendliche Liebe ist, wäre gewiß nicht selig, wenn er sich dem Schmerz seiner Welt entziehen und in sich selbst verschließen müßte. Dies bedeutet aber auch, daß seine Seligkeit, die allem zeitlichen Wechsel überlegen, keiner Bedingung unterworfen und nie in bloßer Endlichkeit befangen ist, seinen Schmerz nicht ausschließt, sondern überhaupt erst in sich zuläßt und auf ihn eingeht. Die Kirche darf also Gott zutrauen, daß er auch deshalb ganz selig ist, weil es ihm gelingt, seinen Schmerz im Schmerz der Welt und den Schmerz der Welt in seinem Schmerz zu erleiden. Die Geschöpfe vermögen dies nicht. Sie erleiden in ihrem Schmerz den Schmerz der Welt nur teilweise mit und steigen niemals in seine tiefsten Abgründe hinab. Aber „für Gott ist nichts unmöglich" (Lk 1,27). Alles deutet also auf ein Geheimnis, das uns Geschöpfen die Sprache verschlägt. In der Gemeinschaft der Kirche können wir es nur „in Schwäche und in Furcht und mit vielem Zittern" (1 Kor 2,3) ein wenig ansagen. Vielleicht so: Der dreieinige Gott ist als die Liebe der ewig Selige auch deshalb, weil er in seiner Ewigkeit den Schmerz der Zeit ganz erleidet und das Übel in der Geschichte der Welt, das der Schmerz anzeigt, ganz überwindet. Er ist der unbedingt Selige auch deshalb, weil er die Einigung seines Schmerzes und des Schmerzes der Welt keinen Bedingungen unterwirft, aber auch unter allen Bedingungen geschehen läßt. Er ist der unendlich Selige auch deshalb, weil es ihm gelingt, in Freiheit ganz er selbst zu sein und den endlichen Schmerz der Welt ganz zu bergen und sich zu Herzen zu nehmen.

Es gibt viele Möglichkeiten, das Geheimnis anzusagen. Aber eines ist gewiß: In der Kirche ist Gott als der Vater und der Sohn und der Heilige Geist die Liebe, die ewig dieselbe und ewigen Jubels würdig ist; die Liebe, die unbedingt aus sich herausgeht, bis in die äußersten Abgründe des Schmerzes, wo sie unseres Erbarmens, unseres Mitleids, unserer Liebe bedarf; die Liebe, die dadurch die endliche

Leidensgeschichte der Welt in ihre Unendlichkeit aufnimmt.

In diesem Zusammenhang muß die Weisheit der Weisen vergehen und die Klugheit der Klugen verschwinden (vgl. Jes 29,14; 1 Kor 1,19). Das Wort vom Kreuz wird Gottes Kraft (1 Kor 1,18). Wir dürfen Wahres vom Schmerz in der seligen Liebe Gottes geistlich verstehen und auslegen. Aber dies alles ist vorläufig. Wenn wir das Wahre als das Gute im irdischen Leben getan, auf unsere Weise den Schmerz Gottes miterlitten und etwas von dem, was daran noch fehlt, ergänzt haben (vgl. Kol 1,24), wird sich die Offenbarung des Ganzen vollenden. „Denn Stückwerk ist unser Erkennen, Stückwerk unser prophetisches Reden; wenn aber das Vollendete kommt, vergeht alles Stückwerk" (1 Kor 13,9–10).

Anmerkungen

[1] Beiträge und Informationen zur neueren und neuesten Geschichte der Theologie des Schmerzes Gottes bieten: *J. Scharbert,* Der Schmerz Jahwes, in: Der Schmerz im Alten Testament, Bonn 1955, 216–225; *J. Maritain,* Quelques réflexions sur le savoir théologiques: Revue thomiste 69 (1969) 5–27; *H. U. v. Balthasar,* Herrlichkeit, III, 2,2, Einsiedeln 1969, 500–507; *H. Küng,* Kann Gott leiden?, in: Menschwerdung Gottes, Freiburg i.Br. 1970, 622–631; *K. Kitamori,* Theologie des Schmerzes Gottes, Göttingen 1972; *J: Moltmann,* Der gekreuzigte Gott, München 1972; *H. U. v. Balthasar,* Die Freude und das Kreuz, in: Die Wahrheit ist symphonisch, Einsiedeln 1972, 131–146; *W. Maas,* Unveränderlichkeit Gottes, München 1974; *J. Jeremias,* Die Reue Gottes, Neukirchen 1975; *F. Varillon,* La souffrance de Dieu, Paris 1975; *J. Galot,* Dieu souffre-t-il?, Paris 1976; *E. Jüngel,* Zur Menschlichkeit Gottes, in: Gott als Geheimnis der Welt, Tübingen ²1977, 409–543; *P. Kuhn,* Gottes Trauer und Klage in der rabbinischen Überlieferung, Leiden 1978; *H. Riedlinger,* Den Schmerz Gottes erleiden, in: *K. Rahner – B. Welte* (Hg.), Mut zur Tugend, Freiburg i.Br. 1979, 200–207; *O. Köhler,* Homo patiens – Deus patiens. Ein Versuch, an Peter Lippert zu erinnern: Stimmen der Zeit 197 (1979) 519–531; *S. Weil,* Die Gottesliebe und das Gute, in: Zeugnis für das Gute, Olten ²1979, 13–49; *B. Oguro-Opitz,* Analyse und Auseinandersetzung mit der Theologie des Schmerzes Gottes von Kazoh Kitamori, Frankfurt a.M. 1980; *B. Krause,* Leiden Gottes – Leiden des Menschen. Eine Untersuchung zur Kirchlichen Dogmatik Karl Barths, Stuttgart 1980; *J. Moltmann,* Die Passion Gottes, in: Trinität und Reich Gottes, München 1980, 36–76; *A. M. Dorn,* Leiden als Gottesproblem. Eine Untersuchung zum Werk von Max Brod, Freiburg i.Br. 1981; *N. Hoffmann,* Kreuz und Trinität, Einsiedeln 1982; *H. U. v. Balthasar,* Der Schmerz Gottes, in: Theodramatik, IV, Einsiedeln 1983, 191–222.

[2] *R. Schneider,* Winter in Wien, Freiburg i. Br. 1959, 213.
[3] *Augustinus,* De lib. arb. 3, 69.
[4] *Laotse,* Tao-te king, 56.
[5] *M. Heidegger,* Unterwegs zur Sprache, Pfullingen 1959, 27.
[6] *Thomas von Aquin,* Summa theol. I q. 91 a.1 ad 3.
[7] Ebd. q. 76 a.5.
[8] *Augustinus,* Super Gen. ad litt. 8,14.
[9] *Thomas von Aquin,* Summa theol. I–II q.35 a.1 ad 3.
[10] Ebd. q.39 a.4 ad 1.
[11] *Meister Eckhart,* Deutsche Predigten und Traktate, München 1963, 107.
[12] *M. Eliade,* Geschichte der religiösen Ideen I, Freiburg i. Br. 1978.
[13] Ebd. 69–72.
[14] Ebd. 74–77.
[15] Ebd. 80–83.
[16] Ebd. 97–100.
[17] Ebd. 144–152.
[18] Ebd. 327–340.
[19] Ebd. 245–278.
[20] *Xenophanes,* Fragm. 16.
[21] Vgl. ders., Fragm. 15.
[22] Vgl. *ders.,* Fragm. 23–26.
[23] *Platon,* Der Staat, 378 c.
[24] Ebd. 381 b.
[25] Ebd. 381 c.
[26] *Aristoteles,* Metaphysik, 1074 a 37.
[27] Ebd. 1071 b 21.
[28] Ebd. 1072 a 25.
[29] Ebd. 1072 b 3.
[30] Ebd. 1072 b 16.
[31] Ebd. 1072 b 24.
[32] Ebd. 1072 b 24–26.
[33] Ebd. 1072 b 28.
[34] Ebd. 1074 b 20.
[35] Ebd. 1074 b 26.
[36] Ebd. 1074 b 26–27.
[37] Ebd. 1074 b 34–35.

Vom gleichen Autor im Verlag Herder erschienen:

Geschichtlichkeit und Vollendung des Wissens Christi

Quaestiones disputatae – Band 32

„Die Frage nach dem Wissen Christi ist zugleich die Frage nach dem Verhältnis von Gottheit und Menschheit in der hypostatischen Union. Während bis in die jüngste Zeit unter den Theologen die Neigung bestand, die Vollkommenheit des Wissens Jesu vom Göttlichen her so stark zu betonen, daß echt menschliches Wissen fast nicht mehr glaubhaft gemacht werden konnte, versucht die gegenwärtige Theologie mit einem schärferen Blick für das Menschliche und Geschichtliche dieses auch für den Menschen Jesus und sein Wissen stärker herauszustellen. Die Arbeit Riedlingers führt ausgezeichnet in diese Problemstellung ein, bespricht moderne Lösungsversuche und unternimmt eine eigene Deutung mit der These von der ‚geschichtlichen Gottesschau' Jesu. Ein höchst anregendes Buch" (Amtsblatt des Bistums Limburg).

160 Seiten, Paperback. ISBN 3-451-02032-7

Verlag Herder Freiburg · Basel · Wien